PIE International Inc.
2-32-4 Minami-Otsuka, Toshima-ku, Tokyo 170-0005 JAPAN
sales@pie-intl.com
©2010 Natsumi Fujita / PIE International / PIE BOOKS
ISBN978-4-7562-4039-2

Printed in Japan

ART DIRECTOR / GRAPHIC DESIGNER

ART DIRECTOR INTERVIEW
吉田ユニ　YUNI YOSHIDA _____ P06

海老原麗子　REIKO EBIHARA _____ P10
えぐちりか　RIKA EGUCHI _____ P12
深澤亜衣　AI FUKASAWA _____ P14
葉田いづみ　IZUMI HADA _____ P16
辺土名みゆき　MIYUKI HENTONA _____ P18
平林奈緒美　NAOMI HIRABAYASHI _____ P20
帆足英里子　ERIKO HOASHI _____ P22
稲葉まり　MARI INABA _____ P24
石垣日登美　HITOMI ISHIGAKI _____ P26
いすたえこ　TAEKO ISU _____ P28
板倉敬子　KEIKO ITAKURA _____ P30
カンナアキコ　AKIKO KANNA _____ P32
川村よしえ　YOSHIE KAWAMURA _____ P34
河野未彩　MIDORI KAWANO _____ P36
紀太みどり　MIDORI KIDA _____ P38
近藤麻由　MAYU KONDO _____ P40
ME&MIRACO _____ P42
長嶋りかこ　RIKAKO NAGASHIMA _____ P44
内藤 綾　AYA NAITO _____ P46
中島寛子　HIROKO NAKAJIMA _____ P48
名久井直子　NAOKO NAKUI _____ P50
関根亜希子　AKIKO SEKINE _____ P52
田部井美奈　MINA TABEI _____ P54
高橋有紀子　YUKIKO TAKAHASHI _____ P56
竹内りえ　RIE TAKEUCHI _____ P58
矢部綾子　AYAKO YABE _____ P60
山本智恵子　CHIEKO YAMAMOTO _____ P62
吉田ユニ　YUNI YOSHIDA _____ P64
宮田裕美詠　YUMIYO MIYATA _____ P66

PHOTOGRAPHER

PHOTOGRAPHER INTERVIEW
永瀬沙世　SAYO NAGASE _____ P70

天野良子　RYOKO AMANO _____ P74
馬場わかな　WAKANA BABA _____ P76
藤岡由起子　YUKIKO FUJIOKA _____ P78
HAL KUZUYA _____ P80
市橋織江　ORIE ICHIHASHI _____ P82
一之瀬ちひろ　CHIHIRO ICHINOSE _____ P84
磯部昭子　AKIKO ISOBE _____ P86
かくたみほ　MIHO KAKUTA _____ P88
片柳沙織　SAORI KATAYANAGI _____ P90
金 玖美　KOOMI KIM _____ P92
キシマリ　KISIMARI _____ P94
興石真由美　MAYUMI KOSHIISHI _____ P96
熊谷直子　NAOKO KUMAGAI _____ P98
前田こずえ　KOZUE MAEDA _____ P100
MARCO _____ P102

松原博子　HIROKO MATSUBARA ⎯⎯⎯⎯⎯⎯⎯⎯⎯⎯⎯⎯ P104
メノナオミ　NAOMI MENO ⎯⎯⎯⎯⎯⎯⎯⎯⎯⎯⎯⎯⎯⎯ P106
長坂フミ　FUMI NAGASAKA ⎯⎯⎯⎯⎯⎯⎯⎯⎯⎯⎯⎯⎯ P108
永瀬沙世　SAYO NAGASE ⎯⎯⎯⎯⎯⎯⎯⎯⎯⎯⎯⎯⎯⎯ P110
中野佑美　YUMI NAKANO ⎯⎯⎯⎯⎯⎯⎯⎯⎯⎯⎯⎯⎯ P112
蜷川実花　MIKA NINAGAWA ⎯⎯⎯⎯⎯⎯⎯⎯⎯⎯⎯⎯ P114
野川かさね　KASANE NOGAWA ⎯⎯⎯⎯⎯⎯⎯⎯⎯⎯ P116
朴 玉順　PAK OK SUN ⎯⎯⎯⎯⎯⎯⎯⎯⎯⎯⎯⎯⎯⎯⎯ P118
佐野方美　MASAMI SANO ⎯⎯⎯⎯⎯⎯⎯⎯⎯⎯⎯⎯⎯ P120
更井真理　MARI SARAI ⎯⎯⎯⎯⎯⎯⎯⎯⎯⎯⎯⎯⎯⎯ P122
関根 綾　AYA SEKINE ⎯⎯⎯⎯⎯⎯⎯⎯⎯⎯⎯⎯⎯⎯ P124
柴田文子　FUMIKO SHIBATA ⎯⎯⎯⎯⎯⎯⎯⎯⎯⎯⎯ P126
田尾沙織　SAORI TAO ⎯⎯⎯⎯⎯⎯⎯⎯⎯⎯⎯⎯⎯⎯ P128
樽木優美子　YUMIKO TARUKI ⎯⎯⎯⎯⎯⎯⎯⎯⎯⎯ P130
角田みどり　MIDORI TSUNODA ⎯⎯⎯⎯⎯⎯⎯⎯⎯⎯ P132
薮崎めぐみ　MEGUMI YABUSAKI ⎯⎯⎯⎯⎯⎯⎯⎯⎯ P134

ILLUSTRATOR

ILLUSTRATOR INTERVIEW
東 ちなつ　CHINATSU HIGASHI ⎯⎯⎯⎯⎯⎯⎯⎯⎯⎯ P138

秋山 花　HANA AKIYAMA ⎯⎯⎯⎯⎯⎯⎯⎯⎯⎯⎯⎯⎯ P142
青木京太郎　KYOTARO AOKI ⎯⎯⎯⎯⎯⎯⎯⎯⎯⎯⎯ P144
紙野夏紀　NATSUKI CAMINO ⎯⎯⎯⎯⎯⎯⎯⎯⎯⎯⎯ P146
會本久美子　KUMIKO EMOTO ⎯⎯⎯⎯⎯⎯⎯⎯⎯⎯ P148
服部あさ美　ASAMI HATTORI ⎯⎯⎯⎯⎯⎯⎯⎯⎯⎯⎯ P150
東 ちなつ　CHINATSU HIGASHI ⎯⎯⎯⎯⎯⎯⎯⎯⎯⎯ P152
氷見こずえ　KOZUE HIMI ⎯⎯⎯⎯⎯⎯⎯⎯⎯⎯⎯⎯⎯ P154
菱沼彩子　AYAKO HISHINUMA ⎯⎯⎯⎯⎯⎯⎯⎯⎯⎯ P156
一ツ山チエ　CHIE HITOTSUYAMA ⎯⎯⎯⎯⎯⎯⎯⎯⎯ P158
猪口 燈　AKARI INOGUCHI ⎯⎯⎯⎯⎯⎯⎯⎯⎯⎯⎯⎯ P160
金谷裕子　YUKO KANATANI ⎯⎯⎯⎯⎯⎯⎯⎯⎯⎯⎯ P162
神崎潤子　JUNKO KANZAKI ⎯⎯⎯⎯⎯⎯⎯⎯⎯⎯⎯⎯ P164
カオル　KAORU ⎯⎯⎯⎯⎯⎯⎯⎯⎯⎯⎯⎯⎯⎯⎯⎯⎯ P166
風間重美　EMI KAZAMA ⎯⎯⎯⎯⎯⎯⎯⎯⎯⎯⎯⎯⎯ P168
木村敏子　TOSHIKO KIMURA ⎯⎯⎯⎯⎯⎯⎯⎯⎯⎯⎯ P170
小林エリカ　ERIKA KOBAYASHI ⎯⎯⎯⎯⎯⎯⎯⎯⎯⎯ P172
久保田真理　MARI KUBOTA ⎯⎯⎯⎯⎯⎯⎯⎯⎯⎯⎯⎯ P174
升ノ内朝子　ASAKO MASUNOUCHI ⎯⎯⎯⎯⎯⎯⎯⎯ P176
松尾ミユキ　MIYUKI MATSUO ⎯⎯⎯⎯⎯⎯⎯⎯⎯⎯⎯ P178
ミヤギユカリ　YUKARI MIYAGI ⎯⎯⎯⎯⎯⎯⎯⎯⎯⎯⎯ P180
西 淑　SHUKU NISHI ⎯⎯⎯⎯⎯⎯⎯⎯⎯⎯⎯⎯⎯⎯⎯ P182
野口路加　RUKA NOGUCHI ⎯⎯⎯⎯⎯⎯⎯⎯⎯⎯⎯⎯ P184
大山奈歩　NAO OYAMA ⎯⎯⎯⎯⎯⎯⎯⎯⎯⎯⎯⎯⎯ P186
坂本奈緒　NAO SAKAMOTO ⎯⎯⎯⎯⎯⎯⎯⎯⎯⎯⎯⎯ P188
佐瀬麻友子　MAYUKO SASE ⎯⎯⎯⎯⎯⎯⎯⎯⎯⎯⎯ P190
せきなつこ　NATSKO SEKI ⎯⎯⎯⎯⎯⎯⎯⎯⎯⎯⎯⎯ P192
塩川いづみ　IZUMI SHIOKAWA ⎯⎯⎯⎯⎯⎯⎯⎯⎯⎯ P194
すぎやましょうこ　SHOKO SUGIYAMA ⎯⎯⎯⎯⎯⎯⎯ P196
田中千絵　CHIE TANAKA ⎯⎯⎯⎯⎯⎯⎯⎯⎯⎯⎯⎯⎯ P198
田中麻里子　MARIKO TANAKA ⎯⎯⎯⎯⎯⎯⎯⎯⎯⎯⎯ P200
利光春華　HARUKA TOSHIMITSU ⎯⎯⎯⎯⎯⎯⎯⎯⎯⎯ P202
山本祐布子　YUKO YAMAMOTO ⎯⎯⎯⎯⎯⎯⎯⎯⎯⎯ P204
よしいちひろ　CHIHIRO YOSHII ⎯⎯⎯⎯⎯⎯⎯⎯⎯⎯ P206

CREDIT FORMAT

作品クレジットは原則的に以下の順序で記載しています。

商品名・アーティスト名「作品タイトル」/ 作品の媒体 / 掲載者の担当ポジション /
掲載者以外のスタッフクレジット / クライアント名（発表・制作年）

A: 広告代理店
AD: アート・ディレクター
AW: アートワーク、美術制作
CA: 映像撮影
CD: クリエイティブ・ディレクター
CW: コピーライター
D: デザイナー
DF: 制作会社
DI: ディレクション
E-: エグゼクティブ〜
ED: 編集
HA: ヘア
HM: ヘアメイク
I: イラストレーター
MA: メイク
MD: モデル
MO: 映像制作、アニメーション制作
MU: 音楽制作
P: フォトグラファー
PL: プランニング
PM: プロジェクトマネージャー
PR: プロデューサー
R: レタッチャー
S-: シニア〜
ST: スタイリスト
WR: 執筆

※上記以外の制作者呼称は省略せずに記載しています。
※本書に記載されている店名、店舗写真、販促ツール、商品などは、すべて
　2010 年 6 月時点の情報になります。
※本書に記載されているキャンペーン、プロモーションは、既に終了している
　ものもありますので、ご了承下さい。
※作品提供者の意向によりデータの一部を記載していない場合があります。
※各企業に付随する、"株式会社、（株）" および "有限会社、（有）" は表記を省略
　させて頂きました。
※本書に記載された企業名・商品名は、掲載各社の商標または登録商標です。

ART DIRECTOR /
GRAPHIC DESIGNER

吉田ユニ

YUNI YOSHIDA

2007年の独立からわずか3年、その突き抜けたヴィジュアル・インパクトで、最も注目を集める若手アートディレクターとなった吉田ユニ。大貫卓也、野田凪に師事し、広告業界の最前線で実績を積んだ彼女だが、その非凡さは、濃密なまでのファンタジーをマス広告の舞台で実現させる、イマジネーションの力にある。一見、少女の白昼夢のようでありながら、よく見るとシュールでゴシック。真似のできない不思議世界を生み出す、創造力の秘密とは。

——現在の活動内容について教えてください。

グラフィックでは広告や雑誌、CD などが主ですが、最近は映像の仕事も手がけています。2010 年の東京コレクションでファッションショーのアートディレクションも手がけました。『ボシュブルメット』というブランドで、今回がデビューコレクションです。ランウェイの中央に壁を設けて、同じ服を着た 2 人のモデルさんが 2 つのランウェイを同時に同じ動きになるよう歩いてもらいました。壁に鏡のフレームをたくさん並べ、中をくり抜くことで、二人が歩くのが垣間見えるようにし、鏡に映っているかのようにしました。くり抜かれた鏡のうち、2 枚だけ本当の鏡だったり、だまし絵のように見える仕掛けです。

——平面、映像、立体まで、多彩に活躍されていますが、そもそもデザインに興味を持ったきっかけは何だったのでしょう？

小さい頃から絵を描くのが好きで、女子美術大学付属中学校に進んでからは油絵を描いていましたが、大学進学時に就職のことを考えてデザイン科を選びました。大学では広告の授業が面白かったですね。アーティストというよりも、自分はお題など何らかの制約があってその中で物事を組み立てていくほうに興味があるんだ、ということにも気付きました。

——卒業後は、大貫卓也さんの事務所に就職されていますね。狭き門だと思いますが、どうやって就職できたのでしょう？

大貫さんの作品が好きだったので、事務所に電話をかけたところ「作品を送ってください」と言われました。それなら、送るよりも、作品を持っていきなり訪れて行ったんです。今思うと大胆な話ですよね（笑）。大貫さんは出張中だったのですが、後日、スタッフの方が作品を渡してくれて、それがきっかけで面接をしてくれました。その後、実技試験を受けて、採用になりました。

——自己アピールが功を奏したと（笑）。でも、いきなり第一線の現場に放り込まれてしまったわけですね……。

そうなんです。私以外は全員男性で、面接の時も「本当に地獄だけど大丈夫？」と聞かれたくらいハードな現場でした。少人数のデザイン事務所はどこもそうかもしれないけれど、当時は大貫さんを入れて 7 人で、仕事を一から教えるなんてことはしてくれない、仕事を自分で見て覚えるしかなくて。入社した頃はちょうど、ラフォーレの 25 周年キャンペーンと、新潮文庫の「Yonda?」のリニューアルを抱えていて、さっそくラフォーレのグッズを担当することになり、全体のグッズのバランスを見つつ、予算を考えて見積もりを取ったり……まだグラフィックソフトもたじたじという状態で、やったことのない初めての経験や、いきなりのことだらけで大変でした（笑）。でも、どんなに忙しくても、繰り返し繰り返し、デザインに納得できるまで詰めていく大貫さんの姿勢は、本当に勉強になりました。もしかしたら、今もそのやり方が体に染みついているかもしれません。

——その後、野田凪さんの事務所『宇宙カントリー』に入られるわけですが、野田さんと知り合ったきっかけは？

じつは、まだ学生の時に JAGDA（日本グラフィックデザイナー協会）主催の『学生の日』というイベントに友人に誘われて行ったんですが、作品を見てくれるコーナーがあって。でも私は当時、そんなに作品もなく、見せる自信がなかったので、優しそうな野田さんに（笑）、作品を見てもらったのがきっかけです。それから、野田さんが勤めていたサンアドでアルバイトをしたり、私が大貫デザインに入った後も、友達のようにたまに連絡を取っていました。ちょうど大貫デザインを辞めようかと迷っていた時に、たまたま声を掛けてくれて。その頃、野田さんは映像を多く手がけていたので、私にはグラフィックの仕事を担当してもらいつつ、自分の仕事もやっていいよ、ということだったので、決めました。

——野田さんの作風といえば、あえてデジタルに頼らず、黒子を使ったり、アナログな作り込みをしていく印象があります。

野田さんのすごいところは、思いついたアイデアを人を巻き込みながら実現させていく力ですね。私が初めてアートディレクションを手がけた作品は、宇宙カントリーにいる頃にやった作品なんですが、香港のブランド『b+ab』の広告です。部屋を丸ごと、巨大なガラスの板の上に乗せて下から撮影するというアイデアで、スタジオの準備からスタッフの手配、クライアントとのやりとりまで、すべてやらなくてはいけなくて、大変でした。でも、スタッフと一緒に自分の頭の中にあったヴィジュアルを作り上げていく楽しさもあり、さらに仕上がりを野田さんに見せに行ったら、涙を流して喜んでくれて……それは本当に大きな自信になりました。

——その後、独立をされたわけですが、以後 3 年間で最も思い出深い作品は？

大きなクライアントということでは、パルコの広告が印象深いですね。『装苑』のファッションストーリーでは、その時初めて組んだスタイリストさんたちと「面白いものを作りたい」と意気投合して、その後も一緒に作品を作ったりしています。今年の年賀状の作品もそのチームで撮影しましたが、"HAPPY" をテーマに、はしゃいで手をバタバタさせている様子を、赤塚不二夫さんのマンガの、走っている時のたくさんある足のように、合成するのではなく実際に作って撮影をしました。

——誰も見たことがないイメージを、どのようにしてスタッフと共有しているのでしょう？

とにかく事前に、最終形のヴィジュアルイメージを絵コンテに描き込み、スタッフとイメージを共有することを心がけています。今のところ、「現場で予定通りにできなかった」ということがないのは、そういった準備と、目的意識が同じ仲間に恵まれているおかげかもしれませんね。

本書の表紙は吉田さんがアートディレクターを務めた。女性モデルを撮影し、その写真をストレッチ素材の布に転写プリント。その布を天井から吊るし、後ろからボールで押す、両脇から手で引っ張るなどして、女性の体を変形させ、さらにそれを写真に撮影するというユーモラスなアイデアが実現した。（左）ラフスケッチ（下）モデル写真のセレクト風景

——最近は映像の作品を手がける機会が増えているとのことですが、どんな映像を作られているのでしょうか？

　じつは昨日も、5月に創刊する予定の DVD マガジン収録作品の撮影でした。映像は事前の作り込みの準備も大変ですが、とても楽しい撮影でしたし、完成が楽しみです。ただ、映像の現場になると急に「監督」と呼ばれるのがちょっと恥ずかしい気もして、なかなか慣れないままなんです（笑）。

——吉田さんの作品には、1枚のヴィジュアルから映像を見ているようにストーリーが広がっていく、物語性を感じるものが多いですね。

　そういうイメージを特に意識しているというよりは、自然にストーリーのあるヴィジュアルになってしまいますね。これまでも「こういうアイデアで映像を作ったら面白いだろうな」と思いながら作品を作ることがありました。今回の DVD マガジンは、以前受けたインタビューで「いずれは映像作品を作ってみたい」という話をしたことがきっかけで依頼が来たんです。やっぱり、やりたいことを口に出して言っておくということは、アイデアを実現させるうえで重要かもしれませんね（笑）。

——ご自身の作品と、クライアントワークでは表現の自由度が異なると思いますが、そこに共通する"自分らしさ"はなんだと思いますか？

　やはり、作り込みの部分にはこだわっています。ただ、それが自己満足に終わっていては意味がないわけで、人が見て面白いと思ってくれるにはどうすればいいか、よく考えますね。自分が楽しんで作っているかどうかや、作品に対する愛情が、インパクトだけでなく、奥行き感や分厚さに、どうしても表れてしまうので。

——どの作品にも独特のファンタジー性が感じられますが、ガーリーなテイストということは意識されているのでしょうか？

　私自身はぜんぜんガーリーな人間ではなくて、つのだじろうさんのマンガやマフィア映画が好きだったりするので……。お笑いの番組や観光地の記念撮影のパネルなど、まったく違うところから新しいアイデアが浮かんできたりもします。そういう、着地点から一見かけ離れたものをいかに格好よく表現するか、といったアプローチが好きですね。常に新しいものを作りたいので！　電車やバスに乗っていても、のんびりしていても、ふとアイデアが思い浮かんで、どこまでが仕事でどこからがオフなのか、わからないですね。

——今後の目標や、やってみたいことについて教えてください。

　楳図かずおさんとティム・ウォーカーさんとは、いつか一緒に仕事をしてみたいです。アートディレクターという立場は、いろいろなクリエイターと出会ったり、コラボレーションをする機会が多く、すごく貴重な経験ができます。なので今後、もっともっといろいろな人と関わって、新しい作品をどんどん生み出したいですね。日本だけじゃなく、海外の仕事ももっとやっていきたいです。

Q&A

'06年 1月 1日 (日) 0:00 AM　　　　　　FAX 番号：　　　　　　ﾄ.

1. 昨日見た夢を教えて下さい。

   思い出せない。。。

2. 自分が得意だと思うことは何ですか？

3. 大切にしているものを3つ教えて下さい。

4. あなたのBGMはなんですか？

   ゴッドファーザーのテーマ

5. モットーはなんですか？

   妥協しないこと。

6. 好きな色を3つ教えてください。

   ショッキングピンク ， 肌色 ， 金

7. 休みの日に出かけたい場所はどこですか？

   世界各国

8. あなたのアイドルは誰ですか？

   百太郎

9. 生まれ変われるとしたら次の人生で何がしたいですか？

   今の記憶があるまま生まれ変われるなら 同じ仕事してみたい。
   記憶がないなら刑事！

海老原麗子 EBIHARA REIKO

URL: http://www.ebihara-reiko.com \ TEL: 03 5722 3604 \ FAX: 03 5926 3644 \ MAIL: mail@ebihara-reiko.com
TOOLS: Photoshop, Illustrator, InDesign \ ADDRESS: 東京都目黒区中目黒 1-3-5-403

01

02

BIO.
1974年生まれ、東京都出身。多摩美術大学デザイン科グラフィックデザイン専攻卒業。湯村輝彦氏率いるフラミンゴスタジオに入社。
2001年よりフリーランス。広告、エディトリアル、ロゴデザイン、グッズ、展示のディレクションなどの分野で活動中。
Born in 1974, raised in Tokyo. Graduated in graphic design from Tama Art University. Worked with the Flamingo Studio headed by Teruhiko
Yushima. Freelance since 2001. Active in the fields of advertising, editorial and logo design, as well as art direction for products and exhibitions.

03

04

05

06

07

08

01. eruca. Book #01〜#03 / フリーペーパー / AD+D / (一番上の#02) P: kisimari (TRON) ST: Hiroyo Aoki HM: 牧田健史 MD: 田中美保 ED: Rocket Company*/RCKT / リクルート (2007, 2008)

02. eruca. #06 Winter「My Shopping Day feat. Mayumi Sada」/ フリーペーパー / AD+D / P: 佐野方美 (TRON) ST: 三上由唯 HM: 河北裕介 (LOVABLE) MD: 佐田真由美 ED: Rocket Company*/RCKT / リクルート (2008)

03. eruca. / ショップカード / AD+D / リクルート (2007)

04. eruca. / 販促ツール / AD+D / P: 松原博子 ST: 白男川清美 HM: 河村慎也 (mod's hair) MD: Marianna Kwiatkowska (ZUCCA) ED: Rocket Company*/RCKT / リクルート (2007)

05.「BUZZ HOP INTERNATIONAL HIGH SCHOOL」/ 作品集 / AD+D / I: 長嶋五郎 / Goro Nagashima (2010)

06. apart by lowrys「2006 winter」/ カタログ / D / P: 戎 康友 ST: 菅沼志乃 HM: 茅根裕己 (Cirque) MD: Marie V ED: 石井麗子 / ポイント (2006)

07. 左: gelato pique「Spring & Summer 2009」右: gelato pique「PHOTO BOOK 2009 Summer」/ カタログ / D / マッシュスタイルラボ (2009)

08. side-c vol.31〜38 / フリーマガジン / AD+D / I: Keitarrow ED: Rocket Company*/RCKT / CREARE (2005-2007)

えぐちりか RIKA EGUCHI

TEL: 03 6216 4514 \ FAX: 03 6217 5667 \ MAIL: r.eguchi@dentsu.co.jp
TOOLS: Illustrator, Photoshop \ ADDRESS: 東京都港区東新橋 1-8-1（電通）

01

02

 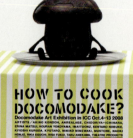 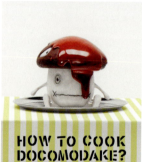 

03

BIO.
1979年帯広生まれ。電通CDC局にてアートディレクターとして働く傍ら、アーティストとして国内外の美術館で作品を発表。国立新美術館や密買東京（http://www.mitsubai.com/）にて作品販売。ドコモダケアート展「HOW TO COOK DOCOMODAKE?」では、企画からキュレーションも手がけ、平面から立体、広告から展覧会の企画まで幅広い活動を展開。JAGDA新人賞2009、ひとつぼ展グランプリ、岡本太郎現代芸術大賞優秀賞ほか受賞多数。
Born in 1979 in Obihiro. While working as an art director at Dentsu Communication Design Center, she also exhibits her artworks at museums in Japan and abroad. Her works are sold at the National Art Center, Tokyo and Mitsubai Tokyo (www.mitsubai.com). Awards include the 2009 JAGDA New Designer Award, Hitotsubo-ten Grand Prix and Taro Okamoto Contemporary Art Award Excellence Award.

04

05

06

01. TCC コピー年鑑 2009 「発言する年鑑」 / 書籍 / AD / D: 阿部梨絵, 湊村敏和 P: 佐藤博文 [Tenteng] 宣伝会議 (2009)

02. 黒烏龍茶 「そこはバランス、ということで。」 / 電車中吊り広告 / AD / C: 倉成英俊 D: 渡辺 亮 / サントリー (2008)

03. docomo 「HOW TO COOK DOCOMODAKE?」 / 展示 / CD+AD+A+C / D: 湊村敏和, 根本幸子 P: 青山たかかず / エヌ・ティ・ティ・ドコモ (2008)

04. 「クリスマスシーズン広告『Laforet Xmas』」 / ビルボード、ポスター / CD+AD / D: 古谷 萌, 湊村敏和 P: 田島一成 HA: Abe MA: Yuki / ラフォーレ原宿 (2008)

05. 「Laforet Private Party『目隠し眼鏡型DM』」 / インビテーション / CD+AD / D: 古谷 萌, 湊村敏和 P: 田島一成 / ラフォーレ原宿 (2008)

06. 「春の販促キャンペーン『ヘッドアクセ by Laforet』」 / ビルボード、ポスター / CD+AD / D: 阿部梨絵, 湊村敏和 P: 瀧本幹也 / ラフォーレ原宿 (2009)

深澤亜衣 AI FUKASAWA

URL: http://www.freshaugust.com \ *MAIL:* info@freshaugust.com \ *ADDRESS:* 東京都港区北青山2-12-20 山西ビル4A
TOOLS: Photoshop, Illustrator, InDesign, ドローイング, ペインティング

01

Johanna,ho

02

03

BIO.
1979年東京生まれ。1998年渡米。F.I.T（ニューヨーク州立ファッション工科大学）卒業。2003年に帰国。グラフィックデザイン事務所・広告代理店を経て、フリーランサーとして活動開始。自身のポップでカラフルなイラストとグラフィックのミックスで、ガーリーな世界観からトリッキーな空気まで表現する。雑誌、書籍、広告からアパレルブランドのカタログやテキスタイルデザインなど幅広い仕事をしている。
Born in 1979 in Tokyo. Went to the USA in 1998, where she graduated from the Fashion Institute of Technology in New York, returning to Japan in 2003. After working at a graphic design studio / advertising agency, she began working freelance. Mixing her own colorful, pop illustrations and graphic design, she expresses the gamut from girly views of the world to precarious atmospheres. She also works across a wide range of media from magazines, books and advertising to apparel-label catalogues and textiles

01. Heather「Spring 2010」/ カタログ / D / P:中里健次　ST: 松島 茜　HM: 縦山 敦　MD: 今宿麻美、ikumi (Surge)、木下ココ / ポイント (2010)
02. Johanna Ho「Spring/Summer 2008」/ 広告 / AD+D / P: Gen Kay ST: Tamila Purvis HA: Taku　MA: Manami Ishikawa (2008)
03. SNAP!/ 雑誌 / AD+I / P: 田辺遥一（表紙）、金子亜矢子（「Natura Classica」特集）C: 鈴木文彦 / インフォレスト (2008-2009)
04. Another Edition「Spring/Summer 2010」/ テキスタイル / I / ユナイテッドアローズ (2010)

05. Luce「Spring/Summer 2010」/ Tシャツ / I / リングクローザー (2010)
06. JJ「Chanel ファッションストーリー」/ 雑誌 / AD+I / P: 七島アキラ (SIGNO) MD: 黒木メイサ / 光文社 (2008)
07. RNA「Autumn/Winter 2006」/ 広告 / AD+D+I / P: Pierre Toussaint ST: 曽山絵里 HM: Kaori Kasso / アールエヌエー (2006)

葉田いづみ　IZUMI HADA

URL: http://www.ne.jp/asahi/mame/niwa ＼ *MAIL:* izumi@box.email.ne.jp
TOOLS: InDesign, Illustrator. Photoshop

01

02

03

04

05

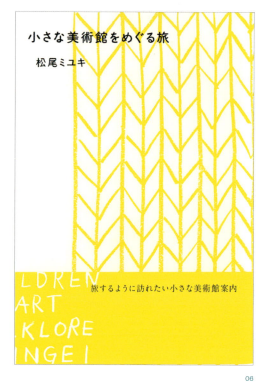

06

BIO.
静岡県出身。立教大学文学部卒業。いくつかの職を経て、デザイン事務所に入社。2005年に独立。主に、書籍のデザインを手がける。これまでの仕事に『はなのほん』（著：かわしまよう子）、『日々が大切』（著：大橋 歩）、『ダカフェ日記』（著：森友 治）がある。
Raised in Shizuoka. Graduated from Rikkyo University, College of Arts. Worked in various fields before joining a design office, and then going out on her own in 2005. She works mainly book design, and works to date include *Hana no hon* (Book of flowers, by Yoko Kawashima), *Hibi ga taisetsu* (Every day is precious, by Ayumi Ohashi) and *Dacafe nikki* (The café diary, by Yuji Mori).

07

08

09

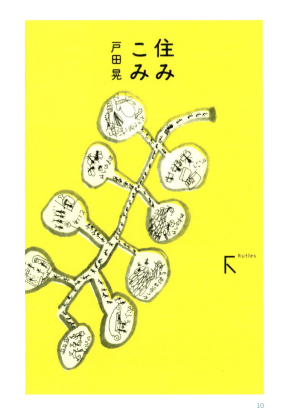

10

01.「つながる外ごはん」/ 書籍 / D / 小学館（2010）
02.「はなのほん」/ 書籍 / D / アノニマ・スタジオ（2004）
03.「ジャーナル」/ D / I: 網中いづる / ミルブックス（2008）
04.「山陰旅行 クラフト＋食めぐり」/ 書籍 / D / 東京地図出版（2009）
05.「ワードローブと日用品」/ 書籍 / D / マーブルトロン（2009）
06.「小さな美術館をめぐる旅」/ 書籍 / D / I: 松尾ミユキ / リベラル社（2009）

07.「マスキングテープの本」/ 書籍 / D / コラージュ制作: オギハラナミ / 主婦の友社（2008）
08.「もっちりシフォン、さっくりクッキー、どっしりケーキ」/ 書籍 / D / 題字: 中島基文 / 文化出版局（2007）
09.「続 ダカフェ日記」/ 書籍 / D / 集英社（2008）
10.「住みこみ」/ 書籍 / D / I: 戸田梓歩子 / ラトルズ（2007）

辺土名みゆき　MIYUKI HENTONA

URL: http://www.hengraphix.jp ＼ TEL: 03 5774 5871 ＼ FAX: 03 5774 5881 ＼ MAIL: hentona@hengraphix.jp
TOOLS: Photoshop, Illustrator, InDesign ＼ ADDRESS: 東京都渋谷区東 1-13-1 ニュー常磐松マンション 801

01

02

03

04

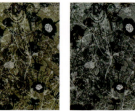

05

06

BIO.
桑沢デザイン研究所卒業。エディトリアル事務所、TOKION編集部を経て、フリーランスとなる。広告、エディトリアル、テキスタイル、
Web制作を手がける。
Graduated from Kuwasawa Design School. After working with an editorial office and the Tokion editorial department, she became freelance.
She works in advertising, editorial and textile design, and Web production.

07

08

09

11

10

12

13

14

15

16

01. G.V.G.V. 「2010 A/W」/ インビテーションカード / AD+D / ケイスリー（2010）
02. G.V.G.V. 「2009 A/W」/ インビテーションカード / AD+D / ケイスリー（2009）
03. G.V.G.V. 「2010 S/S」/ インビテーションカード / ケイスリー（2009）
04. NHK ワールド / CI ブック / AD+D / 日本放送協会（2009）
05. OZZON / HP / AD+D / オッズオンジャパン（2008）
06. OZZON / テキスタイル / D / オッズオンジャパン（2010）
07. I（アイ）/ ロゴ / AD+D / I（アイ）（2009）
08. I（アイ）/ ポスター / AD+D / I（アイ）（2005）

09. 10. 11. I（アイ）「I × hengraphix collaboration」/ Tシャツ / AD+D / I（アイ）（2009）
12. SINDEE / カタログ / AD+D / slick（2004）
13. CHILD WOMAN / カタログ、ポスター / AD+D / アンビデックス（2004）
14.「お弁当アートの作り方」/ 書籍 / AD+D / エクスナレッジ（2006）
15.「グータンヌーボ 美人が選ぶ おとりよせ おつかいもの」/ 書籍 / AD+D / 扶桑社（2007）
16.「トイプードルあづきのバリ日記」/ 書籍 / AD+D / エクスナレッジ（2006）

平林奈緒美 NAOMI HIRABAYASHI

URL: http://www.plug-in.co.uk \ *TEL:* 03 3470 2005 \ *FAX:* 03 3470 2004 \ *MAIL:* info@plug-in.co.uk
TOOLS: Illustrator, Photoshop, InDesign \ *ADDRESS:* 東京都渋谷区神宮前 4-17-16 Nichii Part 2

01

02

BIO.
東京生まれ。武蔵野美術大学空間演出デザイン学科卒業後、（株）資生堂宣伝部入社。ロンドンのデザインスタジオ MadeThought に 1 年間
出向後、2005 年 1 月よりフリーランス。JAGDA 新人賞, ADC 賞, NY ADC GOLD, British D&AD silver など受賞多数。
Born in Tokyo. Graduated from the Department of Scenography, Display and Fashion at Musashino Art University. Joined the Shiseido
Publicity Department, and after a one-year transfer to the MadeThought design studio in London, she became freelance in January 2005.
Awards include the JAGDA New Designer Award, ADC Award, NY ADC GOLD and British D&AD silver.

04

05

03

06

07

08

09

10

01. journal standard luxe / カタログ / AD+D / P: 戎 康友 HM: 茅根裕己（Cirque）/ ベイクルーズ（2007）
02. Cahier No.5 / カタログ / AD+D / メーアエンタープライズ（2009）
03. journal standard luxe / カタログ / AD+D / P: 戎 康友 HM: 茅根裕己（Cirque）/ ベイクルーズ（2008）
04. HOPE「パッケージ / AD+D / CD:石井博文 AD: 滝田文彦 / 日本たばこ産業（2009）
05. dynabook「REALFLEET MODEL」/ ノートPC / AD+D / プロダクトデザイン: intentionallies / リアルフリート（2004）
06. GENDERLESS CLOTHING by ARTS & SCIENCE / カタログ / AD+D / P:山口恵史 /

アロハステイト（2008）
07. ETTUSAIS / パッケージ / AD+D / CD: 池田修一 D: 金子 充 / エテュセ（2009）
08. journal standard luxe / カタログ / AD+D / P: 戎 康友 HM: 茅根裕己（Cirque）/ ベイクルーズ（2006）
09. STARTER HOUSE by beautiful people / ショッピングバッグ / AD+D / entertainment（2009）
10. DREAMS COME TRUE「DO YOU DREAMS COME TRUE?」/ CDジャケット / AD+D / P: 田島一成 / ユニバーサル ミュージック（2009）

帆足英里子 ERIKO HOASHI

URL: http://www.lightpublicity.co.jp ＼ TEL: 03 3248 3334 ＼ FAX: 03 3248 3155
TOOLS: Ilustrator, Photoshop ＼ ADDRESS: 東京都中央区銀座7-12-17（ライトパブリシティ）

01

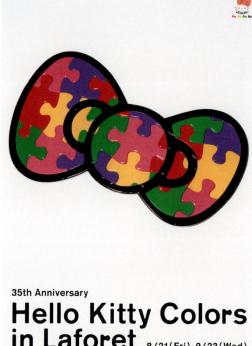

02

03

BIO.
1975年横浜生まれ。1999年多摩美術大学グラフィックデザイン科卒業後、ライトパブリシティに入社。1999年毎日広告デザイン賞奨励賞、2008年読売広告部門賞最優秀賞、2009年朝日広告賞準グランプリ受賞。
Born in 1975 in Yokohama. After graduating in graphic design from Tama Art University in 1999, she joined Light Publicity. Winner of the 1999 Mainichi Advertisement Design Encouragement Award, the 2008 Yomiuri Advertising Award and the runner up for the 2009 Asahi Advertising Award Grand Prix.

04

Laforet Xmas

05

06

07

08

01.「TOUCH / 土岐麻子」/ ポスター / AD+D / P: 土井文雄, ST: 山本マナ HM: 佐々木恵枝 / エイベックス・エンタテインメント（2009）

02.「Hello Kitty Colors in Laforet」/ ポスター / AD+D / CD: 朝倉道宏 / P: 端 裕人, AW: 岡村雅人 / ラフォーレ原宿（2009）©1976, 2010 SANRIO CO.,LTD. APPROVAL No.S510106

03. UNIQLO / ポスター / AD+D / CD: 沢田耕一 C: 細川美和子 P: 青山たかかず ST: 長瀬哲朗 HM: 塩沢延之 / ユニクロ（2010）

04.「Kanebo INTERNATIONAL SENSAI」/ 雑誌 / AD+D / CD: 松原茂明 C: 宮寺信之 P: Howard Schatz / カネボウインターナショナル（2009）

05.「Laforet Xmas」/ ポスター / AD+D / CD: 朝倉道宏, P: 田島一成 ST: Toshio Takeda, MA: Yuki / ラフォーレ原宿（2009）

06.「PURPLE / 古内東子」/ CDジャケット / AD+D / P: 久富裕史 ST: 内沢 研 HA: TAKU, MA: YUKI / エイベックス・エンタテインメント（2010）

07.「IN LOVE AGAIN / 古内東子」/ CDジャケット / AD+D / P: 腰塚光晃 ST: 内沢 研 HA: Niwa MA: Take / エイベックス・エンタテインメント（2009）

08.「A to XYZ / スロウビート / Toko Furuuchi × KREVA」/ CDジャケット / AD+D / P: 腰塚光晃 ST: 内沢 研 HA: Niwa, MA: 岩谷友子 / エイベックス・エンタテインメント（2009）

稲葉まり MARI INABA

URL: http://www.mariinaba.net \ *MAIL:* info@mariinaba.net
TOOLS: Photoshop, Illustrator, After Effects, Final Cut Pro

P: Kazue Kawase

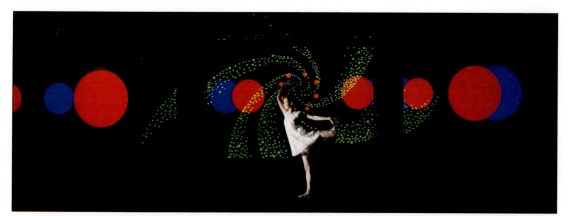

01

02

03

04

BIO.
2002年多摩美術大学グラフィックデザイン学科卒業。クリエイティブユニット生意気を経て、2006年より独立。ドローイングやコマ撮りを用いたアニメーション制作、ディレクション、グラフィックデザインなどを行っている。2008年に舞台「星の行方」にアニメーションで参加。2010年、新作を含む作品を収めたDVDマガジン『VISIONARY』発売。

Graduated from in graphic design from Tama Art University in 2002. After working as a member of the Namaiki creative unit, in 2006 she went out on her own. Her range of work includes hand-drawn and stop-motion animation, art direction and graphic design. In 2008, she worked on the animation of the stage piece Where did the stars go? VISIONARY, a DVD magazine of her works, old and new, was released on 2010.

01.「星の行方」/ 舞台、ライブパフォーマンス / AW+MO / 演出：生西康典 ダンス：寺本綾乃 MU: Gutevolk、植野隆司（Tenniscoats）AW+MO: 掛川康典、せきやすこ（2008）© 神宮巨樹

02. 03.「EST NEW SHOPS OPEN」/ ポスター、VP / AD+AW+MO / ルミネ（2009）

04.「効率良く美しくなるための『ながらビューティ講座』」/ ムービー / トレインチャンネル / AW+MO / パナソニック（2010）

05.「ART CIRCUS」/ 展示 / インスタレーション / エトロ S.p.A.（2008）

06.「Risa's Choice / ポケットドルツ篇」/ インフォマーシャル / AW+MO / パナソニック（2010）

07.「We Can☆」/ TV番組オープニングタイトル / AD+AW+MO / フジテレビ KIDS（2009）

08. VISIONARY「新作 アニメーション作品」/ DVD マガジン / ストーリー+AW+MO / MU: Gutevolk VOICE: さや（Tenniscoats）/ オメガトライブ（2010）

09. 木村カエラ「LIVE TOUR 2010 "5years" 『Dolphin』」/ ライブ用映像 / AW+MO / MO: 亀島耕 / コロムビアミュージックエンタテインメント（2010）

05

06

07

08

09

石垣日登美 HITOMI ISHIGAKI

URL: http://www.studionewwork.com http://www.newworkmag.com \ *MAIL:* info@studionewwork.com
TOOLS: Photoshop, Illustrator, InDesign, Flash, Dreamweaver

01

02

03

04

05

06

BIO.
1981年東京都渋谷区生まれ。2001年に渡米。F.I.T（ニューヨーク州立ファッション工科大学）グラフィックデザイン学部卒業後、2008年から Tanaka Ryotatsu, Kumazaki Ryo のユニット NEWWORK に参加。同年 STUDIO NEWWORK を設立し、『NEWWORK MAGAZINE』を創刊。
Born in 1981 in Shibuya, Tokyo. Went to the US in 2001, and after graduating from FIT (New York Fashion Institute of Technology), in 2008 she joined Ryotatsu Tanaka and Ryo Kumazaki's unit NEWWORK. Established STUDIO NEWWORK also in 2008, and publishes NEWWORK MAGAZINE.

07

08

09

10

11

12

01. LERARIO BEATRIZ「AW 08 Show Invitation」/ インビテーション / AD+D / LERARIO BEATRIZ（2008）

02. LERARIO BEATRIZ「SS 08 Show Invitation」/ インビテーション / AD+D / LERARIO BEATRIZ（2007）

03. LERARIO BEATRIZ「SS 08 Lookbook」/ ルックブック / AD+D / LERARIO BEATRIZ（2007）

04. LERARIO BEATRIZ「SS 10 Lookbook」/ ルックブック / AD+D / LERARIO BEATRIZ（2009）

05. LERARIO BEATRIZ「AW 09 Lookbook」/ ルックブック / AD+D / LERARIO BEATRIZ（2009）

06. LERARIO BEATRIZ「RESORT10 Lookbook」/ ルックブック / AD+D / LERARIO BEATRIZ（2009）

07. LERARIO BEATRIZ「AW 08 Lookbook」/ ルックブック / AD+D / LERARIO BEATRIZ（2008）

08. LERARIO BEATRIZ「SS 09 Lookbook」/ ルックブック / AD+D / LERARIO BEATRIZ（2008）

09. NEWWORK MAGAZINE ISSUE 1 / 雑誌 / AD+D / AD&D: STUDIO NEWWORK/ STUDIO NEWWORK（2007）

10. NEWWORK MAGAZINE ISSUE 2 / 雑誌 / AD+D / AD&D: STUDIO NEWWORK/ STUDIO NEWWORK（2008）

11. NEWWORK MAGAZINE ISSUE 4 / 雑誌 / AD+D / AD&D: STUDIO NEWWORK/ STUDIO NEWWORK（2009）

12. Levi's CHINCH TOKYO / 壁面デザイン / AD+D / AD&D: STUDIO NEWWORK/ Levi's Japan（2009）

いすたえこ TAEKO ISU

URL: http://nnnny.jp http://teeparty.jp \ TEL: 03 6240 1545 \ FAX: 03 6240 1546 \ MAIL: isu@nnnny.jp
TOOLS: Photoshop, Illustrator, After Effects \ ADDRESS: 東京都千代田区外神田 6-11-14 3331 Arts Chiyoda #306

01

02

03

05

06

04

07

BIO.
北海道旭川市出身。広告制作会社にてファッションを中心に仕事をした後、2009年よりフリーランス。現在は、デザインユニット NNNNY
のメンバーとして、紙、Web、プロダクトデザインを手がける。VJ ユニットの VJ QUIZ 名義で映像制作もしている。
From Asahikawa, Hokkaido. After doing mainly fashion-related work at an advertising agency, she became freelance in 2009. She currently
works as a member of the design unit NNNNY on print, Web and product design. She also produces videos under the moniker of the VJ unit
VJ QUIZ.

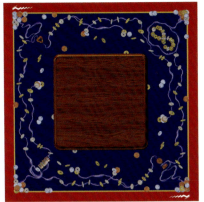

NNNNYの
デザイン家電の
予習復習

GABIN ITO
KEI HAGIWARA
TAEKO IBU
http://nnnny.jp

08

09

Erika Kasai

10

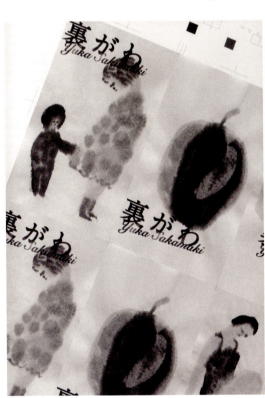

11

12

01. BOCTOK「断面が赤い名刺」/ 名刺 / AD+D / BOCTOK（2007）

02. クチロロ「クチロロのワンダーランド 2」/ DVD ジャケット / AD+D / P: 池田晶紀（ゆかい）/ commmons（2010）

03. 池田晶紀展覧会「太陽とみどり」/ タオル，ワッペン / AD+D / I: あんだいとい / 池田晶紀（ゆかい）（2009）

04.「SUGAGRAPH」/ ポスター / AD+D / TOKYO CULTUART by BEAMS（2009）

05.「Music for Dance Performance」/ CD ジャケット / AD+D / I: 伊藤ガビン / 大野由美子（2009）

06. 水尻自子ズ「水尻自子ズ DVD」/ DVD ジャケット / AD+D / I: 水尻自子 / TOKYO CULTUART by BEAMS（2009）

07. 葛西絵里香個展「Linoleum Skin」/ ポスター / AD+D / P: ERIPSYCHO ハンコ: 葛西絵里香 / 女子美術大学（2008）

08.「NNNNY デザイン家電の予習復習」/ 作品（NNNNY 個展にて展示）/ AD+D / 伊藤ガビン，萩原 慶（2009）

09. Royal de Luxe「巨人の神話」「スルタンの象と少女」/ DVD ジャケット / AD+D / コロムビアミュージックエンタテインメント（2009）

10. 葛西絵里香個展「玉」/ ポスター / AD+D / ハンコ: 葛西絵里香 / 女子美術大学（2009）

11. 坂巻弓華展「裏がわ」/ DM / AD+D / I: 坂巻弓華 / 女子美術大学（2009）

12. ETRO 展覧会「もとめる家具」/ 家具 / D / ETRO（2008）

板倉敬子 KEIKO ITAKURA

URL: http://keikoitakura.com \ *TEL:* 03 6219 5201 \ *FAX:* 03 6219 5202 \ *MAIL:* info@keikoitakura.com
TOOLS: Photoshop, Illustrator \ *ADDRESS:* 東京都中央区勝どき 1-1-1 プラザ勝どき A1407

01

02

03

04

05

BIO.
多摩美術大学グラフィックデザイン科卒業。NY ADC会員、JAGDA会員。NY ADC、NY TDC、TDC受賞。イッカクイッカ株式会社代表取締役。アートディレクションから、グラフィックデザイン、広告・CIとブランディング、パッケージデザイン、CDジャケットや、書籍のデザインまで、幅広いジャンルで活躍中。また、アート活動として、GAP（RED）Tees White Space Gallery、Diesel Gallery New Yorkほか海外で、立体やドローイング、インスタレーションなどを発表している。

Graduated in graphic design from Tama Art University. Member of the NY ADC and JAGDA. Winner of the NY ADC, NY TDC and TDC Awards. Representative director of Ikkakuikka Co., Ltd. Works across a wide range of disciplines including art direction, graphic design, advertising, CI/branding, package design, and CD jacket and book design. As an artist she has presented her sculptures, drawings and illustrations at GAP (RED) Tees White Space Gallery and Diesel Gallery New York.

06

07

08

09

10

01. 「FOREST」/ 告知広告 / AD+D / Diesel Denim Gallery NY（2005）
02. PARCO「すき。GIFT」/ 広告 / AD+D / P: 市橋織江 / パルコ（2006）
03. ニブロール「NOTES」/ ポスター / AD+D / ニブロール（2005）
04. Subito / AD+D / カタログ / CD: 中村聖子（風とバラッド）P: AQUA ST: リン・リェン・リー Art: 舛岡秀樹 / ワコール（2007）
05. Subito / AD+D / P: 須藤秀之 / ワコール（2008）

06. Poreage / パッケージデザイン / AD+D / ダリヤ（2009）
07. BRANCO / ロゴ / AD+D / エン（2008）
08. Subito / ロゴ / AD+D / CD: 中村聖子（風とバラッド）/ ワコール（2006）
09. CHARLOTTE / パッケージ / AD+D / ロッテ（2006-2010）
10. CHARLOTTE CHOCOLATE FACTORY / ロゴ / AD+D / ロッテ（2010）

カンナアキコ AKIKO KANNA

URL: http://www.studiokanna.com \ TEL: 03 5790 9505 \ MAIL: me@studiokanna.com
TOOLS: Photoshop, Illustrator, InDesign, Flash \ ADDRESS: 東京都目黒区青葉台4-5-12-102

01

02

03

04

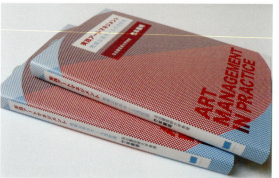

05

BIO.
1995年に渡英後、ロンドン芸術大学セントラル・セント・マーチンズにてグラフィックデザイン科を修了。学生時代には『DAZED & CONFUSED』で編集に携わり、卒業後、コーポレイトアイデンティティスペシャリストとして定評のあるNorthで、シニアデザイナーを4年間務める。2006年に個人事務所設立のために帰国し、StudioKannaを設立。以後、イギリスで培ったブランディングの基礎をデザインの基盤として、既存のアイデアにとらわれない、シンプルで意味のあるアプローチを追求している。

Moved to London in 1995, graduating in graphic design from Central St. Martins College of Art & Design. Worked as an editor for DAZED & CONFUSED while still a student, and after graduating, worked for four years as a senior designer with the reputed corporate identity specialists, North. Returned to Japan in 2006 to establish her own design office, StudioKanna. Building on the branding design skills she developed in the UK, she pursues simple, meaningful approaches not bound by existing ideas.

06

07

08

09

10

01. 「Infinite patterned alphabet」/ ポスター / D (2009)
02. arc「arc/13」/ 雑誌 / AD+D / Leyline Publishing (2009)
03. 「TOKYO BY TOKYO」/ 書籍 / AD+D / P: momoko japan / CLASKA, コンシーズ (2009)
04. 「Christmas Wishes」/ CDジャケット / AD+D / スターバックスコーヒージャパン, Syn Songs (2008)
05. 「実践アートマネジメント」/ 書籍 / AD+D / Leyline Publishing (2010)
06. Toyota Aygo「Anti-camofrage with all my favorite things」/ D / Toyota Motor Corporation (2006)

07. 「How Very Tokyo」/ フライヤー, ギャラリーガイド / D / Open Library (2008)
08. 「Yokohama Life 2007」/ 書籍 / D / コラボレーション：Hester Fell / 森ビル (2007)
09. 「Gift Box for 4th_Floor」/ パッケージ / D / 4th_Floor (2005)
10. 「One Tree Project」/ コラボレーショングッズ / D / クロスカンパニー, ガスアズインターフェイス (2009)

川村よしえ　YOSHIE KAWAMURA

URL: http://otome-graph.com ＼ MAIL: web@otome-graph.com
TOOLS: Photoshop, Illustrator, InDesign, Dreamweaver ＼ ADDRESS: 東京都渋谷区神南 1-5-15-2C

01

02

04

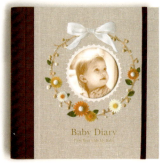

05

03

BIO.

桑沢デザイン研究所卒。『BRUTUS』のデザイナーを経て、夫とデザイン事務所 atmosphere ltd. を設立。2005 年に分室として主に女の子に
的を絞ったデザインルーム otome-graph. を設立。書籍、カタログ、CD ジャケット、Web デザインなどを手がける。2009 年には出版社ソバ
カス・ブックスを作り、女の子の憧れを形にすることに勤しんでいる。

Graduated from Kuwasawa Design School. After working as a designer for BRUTUS magazine, she established the design office atmosphere
ltd. together with her husband. In 2005 she split off and established otome-graph, a design office targeting primarily young women. Her scope
of work includes book, CD jacket and Web design. In 2009 she launched the publishing company Sobakasu Books in an effort to give tangible
form to the aspirations of young women.

06

07

08

09

10

11

12

01.「17人のオトメ」/ 書籍 / AD+D / P: 横浪 修 ST: 相澤 樹 HM: 森川丈二 (gem), 池田慎二 (mod's hair) / ソバカス・ブックス (2009)

02.「風合いをたいせつに着る おんなのこの服」/ 書籍 / AD+D / 文化出版局 (2007)

03.「フランスの古い紙」/ 書籍 / AD+D / ピエ・ブックス (2009)

04. 左:「ismil」/ 書籍 / AD+D / マーブルトロン (2007) 右:「millie moi」/ 書籍 / AD+D / マーブルトロン (2009)

05.「Baby Diary First Year with My Baby」/ ナチュラル / アルバム / AD+D / MARKS (2008)

06.「レースつけるだけ」/ 書籍 / AD+D / P: 松原博子 ST: 鍵山奈美 HM: 石川ひろ子 (mod's hair) / マーブルトロン (2008)

07. SM2「風船とおんなのこ」/ カタログ / AD+D / P: 鷲坂 隆 ST: 岡尾美代子 HM: 杉山彰啓 (mod's hair) / CAN (2009)

08.「かわいいクチュールリメーク」/ 書籍 / AD+D / 文化出版局 (2004)

09.「ヨーロッパのレース手帖」/ 書籍 / AD+D / ピエ・ブックス (2008)

10. SM2「LIFE TO BE SIMPLE」/ カタログ / AD+D / P: 鷲坂 隆 ST: 岡尾美代子 HM: 杉山彰啓 (mod's hair) / CAN (2009)

11.「ガーリー・リメイク・ブック いつものお洋服が宝物になる小さなアイデア集」/ AD+D / P: 土井文雄 ST: 相澤 樹 HM: 森川丈二 (gem) / ソバカス・ブックス (2010)

12.「初めてのアイリッシュ・クロッシェレース」/ 書籍 / AD+D / 文化出版局 (2005)

河野未彩 MIDORI KAWANO

URL: http://www.md-k.net \ TEL: 0466 777 468 \ FAX: 0466 777 468 \ MAIL: info@md-k.net
TOOLS: Photoshop, Illustrator, エアブラシ, 水彩, パステル, アクリル絵の具

01

02

03

04

BIO.
1982年横浜生まれ。2006年、多摩美術大学プロダクトデザイン専攻卒業後、フリーランスとして活動を開始する。堂本 剛、DE DE MOUSE などのアートディレクションやデザインをはじめ、ポップカルチャーや音楽 / 時代へのレスポンスとして、グラフィック、プロダクト、映像、写真などの様々な分野でイメージを広げる。2010年、初の単独作品集『河野未彩 デジタル作品集』を iPhone/iPad アプリでリリース。
Born in Yokohama in 1982. Began working freelance after graduating in product design from Tama Art University. Starting with art direction and design for musicians Tsuyoshi Domoto and DE DE MOUSE, she has expanded her scope of work to include graphic and product design, video and photography that respond to popular culture, music and the times. She released her first collection of works, Midori Aya: Digital Works as an iPhone/iPad application in 2010.

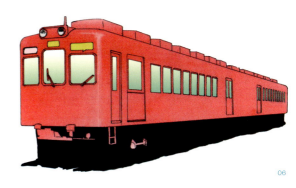

06

06

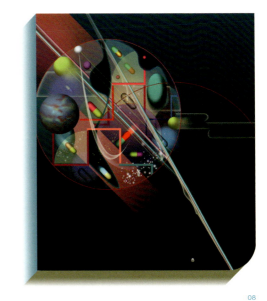

08

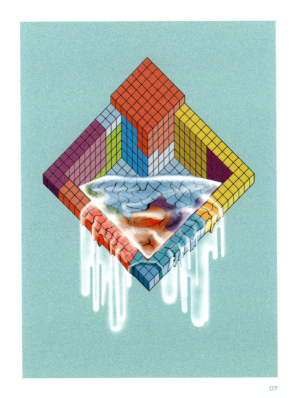

07

09

01.「IS_GONE」/ 作品 / I（2008）
02. Numero TOKYO 2009 年 4 月号「宇宙柄の女」/ 雑誌 / I / 扶桑社
03. BETA PANAMA「FLOAT ON」/ CD ジャケット / AD+D / SOBOKU RECORDINGS（2010）
04. イルリメ「360°SOUNDS」/ CD ジャケット / AD+D / カクバリズム（2010）
05.「2010.01.01」/ 作品 / I（2010）

06.「Strain」/ 作品 / I（2010）
07.「ONSEN」/ 作品 / I（2007）
08.「J_SOUL」/ 作品 / I（2009）
09. エンドリケリー「エンドリケリー LIVE DVD」/ DVD ジャケット / D / ジャニーズ・エンタテイメント（2009）

紀太みどり　MIDORI KIDA

URL: http://tiny-tiny.com ＼ TEL: 050 5528 7846 ＼ FAX: 03 5215 8613 ＼ MAIL: mail@tiny-tiny.com
TOOLS: Illustrator, Photoshop, InDesign ＼ ADDRESS: 東京都千代田区三番町28-7 co-lab 三番町5階（tiny）

01

02

03

04

05

06

08

07

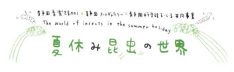

09

BIO.
1971年生まれ。学習院大学哲学科、桑沢デザイン研究所卒業。小西啓介デザイン室に5年半勤務、2001年よりtiny（タイニー）として活動。ローテクに心を砕き、なごやかで柔らかい表現を得意とする。書籍・絵本の装丁を中心に、展覧会ポスター、ファッション・フードのカタログ・リーフレット、ロゴ、CDジャケットなどグラフィック全般の仕事に携わる。
Born in 1971. Graduated in philosophy from Gakushuin University and Kuwasawa Design School. Worked at Keisuke Konishi Design Room for five and a half years, and has been working under the moniker 'tiny' since 2001. Her forte is a decidedly low-tech, soft and gentle form of expression. Centered mainly on cover design for books and picture books, her scope of work includes graphics for exhibition posters, fashion and food catalogues and leaflets, logos and CD jackets.

しめきり
→ 8/31 (日)

KNIT CAP CUP 2008
0401 → 0831
http://www.capcup.jp

10

11

12

13

14

01. 02. 無印良品「バッグ・秋冬」/ リーフレット / AD+D / P: 中里謙次 C: 猪野尚子 CD: 原研哉 / 良品計画（2005）
03. 無印良品「バレンタイン・キャンペーン」/ ロゴ、ラッピングペーパー、リーフレット / AD+D+I / P: 中島敏夫 C: 猪野尚子 CD: 原研哉 / 良品計画（2005, 2006）
04.05.「巡回あそびの学校」/ リーフレット / AD+D+I / 小学館プロダクション（2008）
06.「親がしてやれることなんて、ほんの少し」/ 書籍 / AD+D / WR: 山本ふみこ I: 大塚いちお / オレンジページ（2005）
07. BOSSA DO MAGO「NASCENCA」/ フライヤー / AD+D+I / NUSS RECORDS（2006）
08.「時間を食べる展」/ ポスター / AD+D+I / せたがや文化財団（2009）
09.「夏休み昆虫の世界」/ ロゴ / D+I / 静岡市文化振興財団（2009）

10.「KNIT CAP CUP 2008」/ ポスター、DM、ロゴ / AD+D+I / P: 佐原理枝 CD: 春蒔プロジェクト / 白倉ニット（2008）
11.「ニコニコ帽子 空いろ・草いろ」/ D / CD: 春蒔プロジェクト / 白倉ニット（2008）
12.「KNIT CAP CUP 2009」/ ポスター、DM、ロゴ / AD+D+I / CD: 春蒔プロジェクト / 白倉ニット（2009）
13.「KNIT CAP CUP 2007」/ ポスター、DM、ロゴ / AD+D+I / P: 平賀哲, PR: 春蒔プロジェクト / 白倉ニット（2007）
14.「FANGSONG CAFE」/ ロゴ、エコバッグ / AD+D+I / mammyf.com（2005, 2006）

近藤麻由 MAYU KONDO

URL: http://www.thevoice.jp \ *TEL:* 03 5775 7608 \ *FAX:* 03 5775 7609 \ *MAIL:* mayulosthighway@gmail.com
TOOLS: Photoshop, Illustrator \ *ADDRESS:* 渋谷区神宮前2-33-8 原宿ビューバレー303（The VOICE）

01

02

BIO.
東京都生まれ。女子美術大学芸術学科卒業後、『high fashion』勤務を経て独立。アートディレクターとしてアパレルブランドのクライアントを中心に、ヴィジュアル撮影のディレクション、コーディネート、グラフィックデザインを手がけ、国内外で活動している。また、プロジェクト「PUNKADELIX」として、DJやアートワーク制作なども行っている。2007年、（株）trias設立。

Born in Tokyo. After graduating in fine arts from Joshibi University of Art and Design, she worked for High Fashion magazine, before setting out on her own. Her scope of work as an art director ranges from photographic direction, styling and graphic design for a client base of primarily apparel labels. She also DJs and produces artwork as the project PUNKADELIX. Establish trias inc. in 2007.

03

04

05

06

07

08

09

©Disney

10

01. JILL by JILL STUART「2008-09 AW Collection」/ 広告 / AD+CD+LOGO / P: Andrew Durham ST: シュン・ワタナベ (STIJL) HA: Tony Chavez MA: Yumi PR: 山田初美 (Smile inc.) / サンエーインターナショナル (2008)
02. aquagirl「2009-10 AW Collection」/ 広告 / AD+CD+D / P: Tisch (switch) ST: 竹淵智子 HM: 石川ひろ子 (mod's hair) PR: 浦野たか子 (tau) / ワールド (2009)
03. goocy「2010 SS Collection」/ カタログ / AD+CD+D+LOGO / P: 佐野方美 (TRON) ST: 近田まりこ HM: Natsu / goocy (2010)
04. JILL by JILL STUART「2010 Spring Collection」/ カタログ / AD+CD+D / P: Skye Parrott ST: シュン・ワタナベ (STIJL) HA: Ludi Lewis MA: Lili Choi PR: 山田初美 (Smile inc.) コーディネーション: 大塚博美 / サンエーインターナショナル (2010)
05. Banner Barrett「2009 SS Collection」/ カタログ / AD+CD+D / P: 新田桂一 (OTA

OFFICE) ST: 浜田英枝 HM: 小西神士 (KiKi inc.) / マーキュリーデザイン (2009)
06.「PUNKADELIX for ROC STAR」/ Tシャツ / ROC STAR
07. Rubyrivet / ロゴ / D / ワールド (2007)
08. Triptych「2008-2009 AW Collection」/ カタログ / AD+D / P: Ola Rindal (at large) ST: Kanako B.Koga HA: Rodolphe Farmer MA: Lili Choi コーディネーション: Aude Mary (Pred.P.R.) (2008)
09. Baby-G「Catalogue free paper」/ フリーペーパー / AD+P / P: kisimari (TORN) ST: 菅沼志乃 (Tsuji) HA: 奈良裕也 (SHIMA) MA: Sachiko (SHIMA) / カシオ計算機 (2010)
10.「House Disney」/ CDジャケット / AW+D / WALT DISNRY RECORDS、エイベックス・グループ (2010)

ME&MIRACO

URL: http://www.meandmiraco.com \ MAIL: message@meandmiraco.com
TOOLS: Photoshop, Illustrator, InDesign

01

02

03

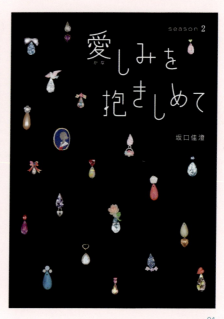

04

05

06

BIO.
石田百合絵と塚田佳奈は中学からの同級生。1998年に女子美術短期大学を卒業後、デザイン会社勤務を経て、2004年にME&MIRACOを設立。本の装幀やエディトリアルデザインを中心とした、グラフィックデザインの仕事を手がける。

Yurie Ishida and Kana Tsukada had been classmates since middle school. They graduated from Joshibi Junior College of Art and Design in 1998, and after working at a design firm, established ME&MIRACO in 2004. Their graphic design work focuses mainly on book jacket and editorial design.

01.「大人のための絵本の本」/ 書籍 / AD+D / I: メグホソキ / エンターブレイン（2009）
02.「フリベの楽しみ」/ 書籍 / AD+D / I: ワタナベケンイチ / ピエ・ブックス（2007）
03.「リトルプレスの楽しみ、のつづき」/ 書籍 / AD+D / I: 山本佳代 / ピエ・ブックス（2009）
04.「愛しみを抱きしめて」/ 書籍 / AD+D / I: 長谷川洋子 / 主婦の友社（2010）
05. 06.「tocotoco」/ 書籍 / AD+D / P: 鍵岡龍門 / 第一プログレス（2008-季刊）
07.「野菜だけの簡単ごはん」/ 書籍 / AD+D / P: 砂原 文 ST: 前田かおり / 角川 SS コミュニ

ケーションズ（2010）
08.「はじめまして奈良」/ 書籍 / AD+D / P: 一之瀬ちひろ I: よしいちひろ / ピエ・ブックス（2009）
09.「森ガール fashion & style book」/ 書籍 / AD+D / I: よしいちひろ P: 川しまゆうこ ST: 遠藤リカ HM: 今井貴子 MD: 大釜ケリー / 毎日コミュニケーションズ（2009）

07

08

09

長嶋りかこ RIKAKO NAGASHIMA

MAIL: RIKAKO.NAGASHIMA@hakuhodo.co.jp \ *ADDRESS:* 東京都港区赤坂5-3-1赤坂BIZタワー（博報堂）
TOOLS: Photoshop, Illustrator, 鉛筆、絵の具

01

Knit by Laforet

02

03

04

BIO.
1980年茨城県生まれ。2003年武蔵野美術大学視覚伝達デザイン学科卒業、同年博報堂入社。広告のアートディレクションのほか、CDのジャケットや本の装丁、ディスプレイ、パッケージなどのデザインも手がける。2004年NY ADC特別功労賞、2005年毎日広告デザイン奨励賞、2006年東京ADC賞、2009年JRポスターグランプリ優秀賞、2010年JAGDA新人賞ほか受賞。
Born 1980 in Ibaraki. Graduated in 2003 from the Musashino Art University Department of Visual Communication Design. Winner of the 2004 NY ADC Distinctive Merit Award, 2005 Mainichi Advertising Design Encouragement Award, 2006 Tokyo ADC Award, 2009 JR Poster Grand Prix Distinction Award, and 2010 JAGDA New Designer Award, among others.

05

06

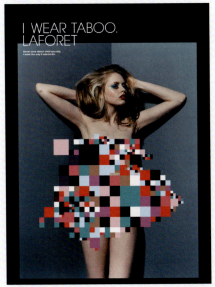

07

08

01. 「You have a 'good' eye for fashion」/ 広告 / AD+D / P: 藤田一浩 ST: 山本マナ HM: 杉山彰啓 / ラフォーレ原宿 (2009)

02. 「Knit by Laforet」/ 店頭ポスター / AD+D / P: 藤田一浩 ST: 山本マナ HM: 杉山彰啓 / ラフォーレ原宿 (2008)

03. Dictionary「2009 SS」/ ポスター / AD+D / P: 藤田一浩 ST: 山本マナ HM: 杉山彰啓 (2009)

04. 寿クリエイティブアクション / ロゴ / AD+D / 寿クリエイティブアクション (2009)

05. 06. 山本マナの個展「Pleasure land」/ ポスター / AD+D / P: 藤田一浩 ST: 山本マナ HM: 杉山彰啓 PRINT: 日光プロセス / 山本マナ (2009)

07. 「I WEAR TABOO.」/ 広告 / AD+D / P: 戎 康友 HM: 加茂克也 ST: 野口 強 印刷: 日光プロセス / ラフォーレ原宿 (2010)

08. 「論論ブーツ」/ ポスター / AD+D / C: 吉岡虎太郎 P:（ロのみ）佐藤テンテン博文 D: 水溜友絵 / 吉本クリエイティブエージェンシー (2009)

045

内藤 綾 AYA NAITO

P: KO SASAKI

URL: http://web.mac.com/mint1110 \ *MAIL:* mint1110@mac.com
TOOLS: Illustrator, InDesign, アクリル, 色鉛筆, クレヨン

01

02

03

04

BIO.
東京在住。東京造形大学彫刻科、セツモードセミナー卒業。『Olive』、『WWD JAPAN』、『COURRiER JAPON』などのエディトリアルデザイン、近年は創作活動にも力を入れている。2007年、mint illust & design を設立。ベランダで野菜を育て、味噌を手作りするなど、オーガニックな生活を実践、自然と共生する思想的な流れにもコミットしている。人々が予め持つ創造性を引き出すべく、YOGA とアートセラピーの体験型ワークショップを開催中。

Lives in Tokyo. Graduated in sculpture from Tokyo Zokei University and Setsu Mode Seminar. Does editorial design for magazines such as Olive, WWD Japan and COURRiER JAPON, and in recent years concentrates also on her own creative practice. Established mint illust & design in 2007. She lives an organic lifestyle that includes growing vegetables on her veranda and making homemade miso and is committed to the vein of thinking that values harmony with nature. She also holds yoga and art therapy workshops that draw out the innate creativity in people.

06

05

07

08

09

01. UTM MEN 2009 SPRING & SUMMER「UNTITLED」/ 雑誌 / D / ワールド

02. COURRiER Japon 2010年 2月号 / 雑誌 / D / 講談社

03. COURRiER Japon 2010年 1月号 / 雑誌 / D / 講談社

04. COURRiER Japon 2009年 9月号 / 雑誌 / D+I / 講談社

05. Numero TOKYO 2009年 6月号「BLOOD TYPE DOLLS」/ 雑誌 / AD / 扶桑社

06.「WANNA BE GOOD GIRL?」/ 作品（CHEERFUL DOLLS としても展開）/ AD（2009）

07. 08.「WANNA BE GOOD GIRL?」/ 作品 / AD（2009）

09. POPEYE / 雑誌 / I / マガジンハウス（2009-2010）

中島寬子 HIROKO NAKAJIMA

URL: http://www.nakajimahiroko.com \ *TEL:* 03 3466 2639 \ *FAX:* 03 3466 5891
TOOLS: InDesign, Illustrator, Photoshop \ *ADDRESS:* 東京都渋谷区代々木5-29-8 #503

01

02

03

04

05

06

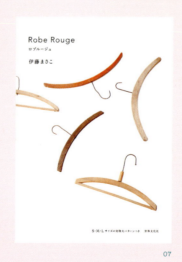

07

08

BIO.
1976年生まれ。多摩美術大学グラフィックデザイン科卒業。アリヤマデザインストアに勤務の後、独立。主に、書籍のデザインを手がける。末永く愛されるデザインを目指している。
Born in 1976. Graduated in graphic design from Tama Art University. After an affiliation with Ariyama Design Store, she set out on her own, working primarily on book design. She strives to develop design that will remain endearing for many years to come.

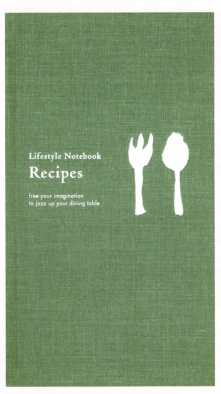

Lifestyle Notebook

Recipes

free your imagination
to jazz up your dining table

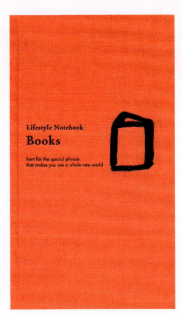

Lifestyle Notebook

Books

hunt for the special phrase
that makes you see a whole new world

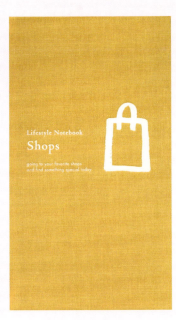

Lifestyle Notebook

Shops

going to your favorite shops
and find something special today

09

Watashi
no
Sukinamono
わたしのすきなもの
杉浦さやか

今日もたっぷり
つめこんで。

『シティリビング』の
人気コラム 書籍化第2弾！

描き下ろし♥
特製ポストカードつき

祥伝社黄金文庫 最新刊

定価670円（本体638円）

10

Yokubari
na
Mainichi
よくばりな毎日
杉浦さやか

こんなところに
とくべつが。

人気コラム
「つれづれダイアリー」
が本になりました！

描き下ろし♥
特製しおりつき

祥伝社黄金文庫 最新刊

定価670円（本体638円）

11

12

13

01. 「日々の100」／ 書籍 ／ D ／ WR: 松浦弥太郎 ／ 青山出版社（2009）
02. 「明日につづくリズム」／ 書籍 ／ D ／ WR: 八束澄子 I: 野田あい ／ ポプラ社（2009）
03. 「おむつなし育児」／ 書籍 ／ D ／ WR: クリスティン・グロスロー 訳: 和田知代 I: 木下綾乃 ／ 柏書房（2009）
04. 「元気とキレイの薬膳的暮らし」／ 書籍 ／ D+I ／ WR: パン・ウェイ ／ PHP研究所（2009）
05. 「リゼッテと みどりのくつした かたいっぽう」／ 書籍 ／ D ／ WR: カタリーナ・ヴァルクス 訳: ふしみみさを ／ クレヨンハウス（2009）
06. 「ニットといつも」／ 書籍 ／ D ／ P: 中川正子 ／ 文化出版局（2008）
07. 「Robe Rouge ロブルージュ」／ 書籍 ／ D ／ WR: 伊藤まさこ P: 渡 忠之 ／ 世界文化社（2007）
08. 「Kidsのふだんぎ」／ 書籍 ／ D ／ P: 森本美絵 ／ 文化出版局（2009）
09. 「Lifestyle Notebook」／ ノート ／ D+I ／ マークス（2006-）
10. 「わたしのすきなもの」／ 書籍 ／ D ／ WR: 杉浦さやか ／ 祥伝社黄金文庫（2009）
11. 「よくばりな毎日」／ 書籍 ／ D ／ WR: 杉浦さやか ／ 祥伝社黄金文庫（2008）
12. 「カレルチャペック紅茶店のレシピ」／ 書籍 ／ D ／ WR: 山田詩子 ／ 白泉社（2009）
13. 「カレルチャペック紅茶店のabcティータイム」／ 書籍 ／ D ／ WR: 山田詩子 ／ 白泉社（2010）

名久井直子 NAOKO NAKUI

MAIL: nakui@mac.com
TOOLS: Photoshop, Illustrator, InDesign

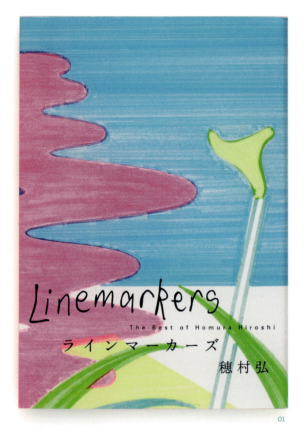

01

02

03

04

05

06

BIO.
1976年生まれ。1997年武蔵野美術大学視覚伝達デザイン学科卒業後、広告代理店に入社。2005年独立。ブックデザインを中心に、紙まわりの仕事を手がける。現在、長嶋 有、柴崎友香、福永 信、法貴信也と同人活動中。
Born in 1976. After graduating from the Department of Visual Communication Design at Musashino Art University in 1997, she entered an advertising agency, setting out on her own in 2005. She engages in paper-based work, focusing mainly on book design. She is currently part of a coterie magazine produced with Yu Nagashima, Tomoka Shimasaki, Shin Fukunaga and Nobuya Hoki.

07

08

09

10

11

12

13

14

15

01.「ラインマーカーズ」/ 書籍 / D / WR: 穂村 弘 I: 大竹伸朗 / 小学館（2003）

02.「先端で、さすわ さされるわ そらええわ」/ 書籍 / D / WR: 川上未映子 I: 鴻池朋子 / 青土社（2007）

03.「坂道のアポロン」/ 書籍 / D / WR: 小玉ユキ / 小学館（2008年-）

04.「小川洋子の偏愛短篇箱」/ 書籍 / D / WR: 小川洋子 I: 斎藤芽生 / 河出書房新社（2009）

05.「主題歌」/ 書籍 / D / WR: 柴崎友香 I: 喜多順子 / 講談社（2008）

06.「ねたあとに」/ 書籍 / D / WR: 長嶋 有 I: 高野文子 / 朝日新聞社（2009）

07.「論理と感性は相反しない」/ 書籍 / D / WR: 山崎ナオコーラ I: 宇野亜喜良 / 講談社（2008）

08.「モサ」/ 書籍 / D / WR: 山崎ナオコーラ、荒井良二 I: 荒井良二 / メディアファクトリー（2009）

09.「アンナの土星」/ 書籍 / D / WR: 益田ミリ I: 平澤一平 / メディアファクトリー（2009）

10.「イギリス海岸 イーハトーヴ短篇集」/ 書籍 / D / WR: 木村紅美 P: 田辺わかな / メディアファクトリー（2008）

11.「いきもののすべて」/ 書籍 / D / WR: フジモトマサル / 文藝春秋（2006）

12.「真昼なのに昏い部屋」/ 書籍 / D / WR: 江國香織 I: 布川愛子、ゴヤ / 講談社（2010）

13.「マドゥモァゼル・ルウルウ」/ 書籍 / D / WR: ジィップ 訳: 森 茉莉 I: 宇野亜喜良 / 河出書房新社（2009）

14.「にょにょっ記」/ 書籍 / D / WR: 穂村 弘 I: フジモトマサル / 文藝春秋（2009）

15.「BとIとRとD」/ 書籍 / D / WR: 酒井駒子 / 白泉社（2009）

関根亜希子 AKIKO SEKINE

URL: http://www.designbymag.com \ TEL: 03 6912 3585 \ FAX: 03 6912 3585 \ MAIL: mail@designbymag.com
TOOLS: Illustrator, InDesign, Photoshop \ ADDRESS: 東京都渋谷区恵比寿4-8-10 コンフォート EBISU 205（Mag）

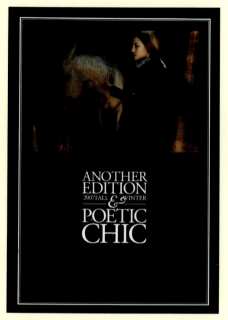

01

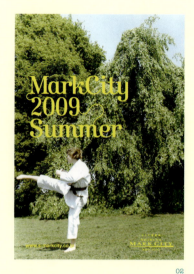

02

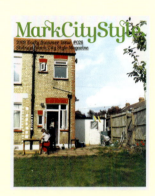

03

04

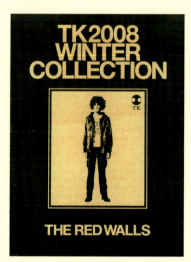

05

06

BIO.
1977年横浜生まれ。武蔵野美術大学資格伝達デザイン学科卒業。Cap を経て、2006年に青木宏之と共に Mag を設立。グラフィックを中心に、エディトリアル、広告、ファッション、CD などで活動中。

Born in 1977 in Yokohama. Graduated from the Musashino Art University Department of Visual Communication Design. After working with Cap, she established Mag in 2006 together with Hiroyuki Aoki. Focusing mainly on graphics, her current work includes editorial, advertising, fashion and CD design.

01. Another Edition「2007 FALL & WINTER」/ カタログ / AD+D / P: 富永よしえ / ユナイテッドアローズ（2007）

02. 03. SHIBUYA MARK CITY「MARK CITY STYLE」/ ポスター、フリーペーパー / AD+D / P: 金 玖美 / 渋谷マークシティ（2009）

04. TK「2008 Summer Collection」/ カタログ / AD+D / P: 白川青史 / ワールド（2008）

05. TK「2008 Winter Collection」/ カタログ / AD+D / P: 白川青史 / ワールド（2008）

06. o:kun / フリーペーパー / AD+D / P: 大森克己 / エスプレ（2009）

07.「サトエリのナライゴトハンドブック」/ 書籍 / AD+D / エスプレ（2007）

08. X-GIRL「STAGES WINTER 2008」/ カタログ / AD+D / P: 戎 康友 / ビーズインターナショナル（2008）

09. Re-Style Baby & Kids「2009 S/S collection」/ カタログ / AD+D / P: Mitsuo ST: 杉本好音（heiz）HM: hanjee for hanjee Hair Gallery（A.K.A）MD: Charlotte, Jolie（E-promotion）DF: ガスアズインターフェイス / 伊勢丹（2009）

10.「学校を変えよう！」/ 書籍 / AD+D / エクスナレッジムック（2008）

11. mammoth / 雑誌 / AD+D / P: 森本美絵 / ニーハイメディア・ジャパン（2009）

SATOERI'S
LESSON HANDBOOK

サトエリの
ナライゴト
ハンドブック

Let's Try !

YOGA, WHOLE FOOD, KIMONO DRESSING,
CALLIGRAPHY, FLOWER ART, CERAMIC ART,
TEA CEREMONY, STONE PAINTING.

SCHOOL GUIDE YELLOW PAGE
Kenichiro Mogi「Naraigoto Dialogue」
IID Ikejiri Institute of Design

オトナのナライゴトは、心をちょっと豊かにしてくれます。

07

08

Re-Style
Baby & Kids
'09 Spring&Summer
Collection
2.21 sat. Start

ISETAN

09

CHANGE THE SCHOOL!

学校を
変えよう！

最先端の学校建築・教育現場を探せ!! ・工藤和美・監修

10

MAMMOTH
No.18

からだ
と
こころ

Body
&Soul
for
Kids

11

田部井美奈 MINA TABEI

URL: http://www.minatabei.com \ *MAIL:* mina@minatabei.com
TOOLS: Photoshop, Illustrator, InDesign

P: Kasane Nogawa

01

02

03

04

05

06

07

08

BIO.
1977 年埼玉県生まれ。武蔵野美術大学短期大学部卒業。E&Y、輸入カメラ LOMO 販売代理店勤務を経て、2003 年より有限会社服部一成に勤務、アートディレクター服部一成のもとで広告、CI、パッケージ、書籍、雑誌などのデザインを担当。2006 年より個人の仕事もスタート。2009 年、アトリエ Kvina に参加。

Born in 1977 in Saitama. Graduated from Musashino Junior College of Art. After working with E&Y and the import sales representatives for LOMO cameras, she joined Kazunari Hattori Inc. in 2003, where she worked under Hattori's art direction on advertising, CI, package, book and magazine design. She began working independently in 2006, and with Atelier Kvina in 2009.

09

MY PAPER DRESS

MY PAPER DRESS

10

01.「PANTIES」/ 作品 / AD+D（2009）
02.「2007年 年賀状」/ ポストカード / AD+D（2007）
03. MONOPOLE / ポスター、カレンダー / AD+D / P: ホンマタカシ / MONOPOLE（2006）
04.「彫刻家 ダニ・カラヴァンによるアーティスト・トーク」/ フライヤー / AD+D / CD: 服部一成 / 三菱地所（2008）
05.「Libro de Kvina」/ ロゴ / AD+D / Kvina（2010）

06.「dailypress」/ ロゴ / AD+D / dailypress（2003）
07.「楽園に間借り」/ 書籍 / AD+D / WR: 黒澤珠々 / 角川グループパブリッシング（2007）
08. Masumi「2010 SS」/ カタログ / AD+D / P: 瀧本幹也 / かねまつ（2010）
09. mieuriller「2010 SS」/ カタログ / AD+D / P: 瀧本幹也 / かねまつ（2010）
10.「MY PAPER DRESS」/ 作品 / AD+D（2008）

高橋有紀子 YUKIKO TAKAHASHI

URL: http://www.coagraphics.com \ TEL: 03 3469 7703 \ FAX: 03 3469 7703 \ MAIL: coa@coagraphics.com
ADDRESS: 世田谷区北沢 3-25-1 MT ビル 301
TOOLS: Illustrator, Photoshop, Dreamweaver \

01

02

03

04

BIO.
1978年生まれ。Coa Graphics にてデザインを担当。2007 年よりバッグや雑貨のブランド kick を立ち上げ、Web ショップなどで販売中。（kick web site → http://www.kickshop.jp）
Born in 1978. In charge of design for Coa Graphics. She established the handbag and accessories brand kick in 2007, selling her products and other items via the web-based kick shop (www.kickshop.jp).

05

06

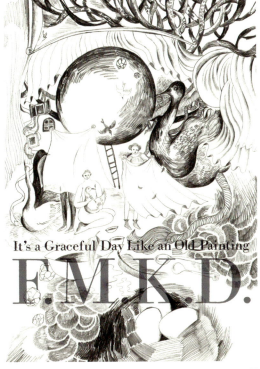

07

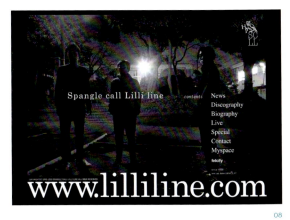

08

09

kate coffee

10

11

01. kick「2010」/ ポスター / D / kick（2010）

02. 03. kick「2009-2010」/ DM / D / kick（2010）

04. 水縞 / ロゴ / D / 水縞（2010）

05. タニザワトモフミ「まぼろし時計」/ CDジャケット / D / バップ（2010）

06. 空気公団「ぼくらの空気公団」/ CDジャケット / D / fuwari studio（2010）

07. F.M.K.D.「It's a Graceful Day Like an Old Painting」/ アートブック，CDジャケット /

D / Flip Entertainment（2009）

08. Spangle call Lilli line / Web / D / felicity（2010）

09. 青山劇場・青山円形劇場 / パンフレット / D / 青山劇場・青山円形劇場（2009）

10. kate coffee / ロゴ / D / wisteria branch（2007）

11. kate paper vol.1-3 / フリーペーパー / D / kate coffee（2007-2009）

竹内りえ RIE TAKEUCHI

URL: http://rietakeuchi.net \ TEL: (010) 917 832 5762 \ MAIL: contact@rietakeuchi.net
TOOLS: InDesign, Illustrator, Photoshop, ペン, 鉛筆 \ ADDRESS: 241 Henry Street #1A New York, NY 10002

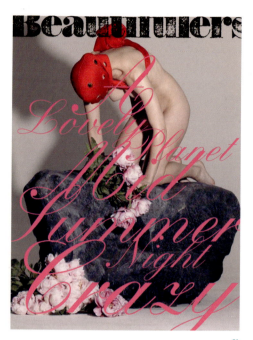

01

02

03

04

05

06

BIO.
1972 年生まれ。ボストンの美術大学卒業。ニューヨークのデザイン会社に勤務後、東京に一旦帰国。Cap にて雑誌やカタログなどの制作を行う。その後、Nike Tokyo Design Studio でカラーリング / グラフィックを担当。現在はニューヨークに戻り、フリーランスとして働く。UnitedBamboo の新ラインのグラフィックなどを手がけている。

Born in 1972. Graduated from art school in Boston. After working with a design firm in New York, she returned for a period to Tokyo where she handled editorial and catalogue design for Cap, and later color/graphics for Nike Design Studio products. She is currently based in New York working freelance on the graphics for a new line by UnitedBamboo, and other projects.

07

08

09

10

11

01. Beautifulers / インビテーションカード / D / Beautifulers（2010）

02. BONUS Magazine No.3「Secret Story」/ 小冊子 / AD+D+I（2003）

03. 04. 伊勢丹 Tagline「2008 SS」/ カタログ / AD+D / P: Mitsuo HM: 石川ひろ子（mod's hair）ST: 田本鏡子 DF: ガスアズインターフェイス / 伊勢丹（2008）

05. Heather「2009 SS」/ カタログ / AD+D / P: Mitsuo HM: 樫山 敦 ST: 高橋文枝 MD: 水原希子 / ポイント（2009）

06. Happy Go Lucky Magazine / 小冊子 / AD+D（2010）

07.「Now I Remember」/ 写真集 / D / wow（2010）

08. comouflage No.1「Bon Jour」/ 雑誌 / D / comouflage（2009）

09. H / 雑誌 / D / Bumble and bumble.（2005）

10. Common and sense 37号「Paint it Black」/ 雑誌 / D / Common and sense（2009）

11. LE BAC by United Bamboo / ロゴ / D / United Bamboo（2010）

矢部綾子 AYAKO YABE

URL: http://kidddesign.org \ TEL: 03 5724 8645 \ FAX: 03 5724 8674 \ MAIL: yabe_kidd@ad.em-net.ne.jp
TOOLS: Photoshop, Illustrator, InDesign \ ADDRESS: 東京都目黒区鷹番 3-23-10-402

01

02

03

04

05

06

07

08

09

BIO.
1971年生まれ。女子美術大学卒業。デザイン会社勤務を経て、2005年にkidd設立。書籍、雑誌、CDなどのデザインを手がける。
Born in 1971. Graduated from Joshibi University of Art and Design. After working for a design firm, she established kidd in 2005. She does graphic design for books, magazines, CDs and other media.

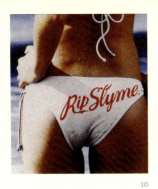
10

11

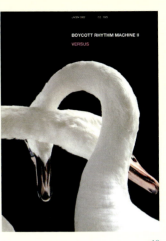
12

13

14

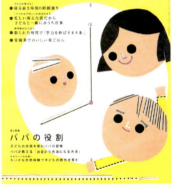
15

16

01. mürren vol.1 / 小冊子 / AD+D / I: HIMAA ED: 若菜晃子 / mürren 編集部 (2007)

02. mürren vol.4 / 小冊子 / AD+D / I: Marke Newton ED: 若菜晃子 / mürren 編集部 (2008)

03.「東京近郊ミニハイク」/ 書籍 / AD+D / WR: 若菜晃子 P: 羽金知美 昭文社 (2009)

04. NONA REEVES「DAYDREAM PARK」/ CDジャケット / AD+D / 徳間ジャパンコミュニケーションズ (2008)

05. 小山絵里奈「ビビドロップ」/ CDジャケット / AD+D / P: 森本美絵 / エイベックス・エンタテインメント (2007)

06.「Kirinji presents Uma No Hone First tour 2005 at Liquid Room, Takaki Horigome First solo live "Home Ground" at Stellar Ball」/ DVDジャケット / AD+D / NATURAL FOUNDATION (2007)

07.「ゼクシィの花嫁ノート」/ 書籍 / AD+D / I: わたなべろみ / メディアファクトリー (2010)

08.「包む本」/ 書籍 / AD+D / P: 有賀 傑 / BNN新社 (2008)

09.「Happy Holidays! by commons」/ CDジャケット / AD+D / エイベックス・エンタテインメント (2008)

10. Rip Slyme「熱帯夜」/ CDジャケット / AD+D / ワーナーミュージック・ジャパン (2007)

11. KIRINJI「19982008」/ CDジャケット / AD+D / コロムビアミュージックエンタテインメント (2008)

12.「BOYCOTT RHYTHM MACHINE 2 VERSUSU」/ DVD / AD+D / ラストラム・ミュージックエンタテインメント (2006)

13.「paperstyla」/ コンセプトブック / AD+D / エスプレ (2009)

14. DO SOMETHING / 会報誌 / AD+D / エスクァイアマガジンジャパン (2007)

15.「忙しいママの24時間の使い方」/ 雑誌 / AD+D / I: メリンダ・バイノ / PHP研究所 (2010)

16.「ECOMEKURI」/ ミニブック（ノベルティ）/ AD+D / I: 阿部伸二 P: 森本美絵 / オルビス (2008)

山本智恵子 CHIEKO YAMAMOTO

URL: http://am-tokyo.jp \ TEL: 03 5433 1137 \ FAX: 03 5433 1138 \ MAIL: chieko@am-tokyo.jp
TOOLS: Photoshop, Illustrator, InDesign \ ADDRESS: 東京都世田谷区池尻2丁目32番2号デパール池尻ビル1階

01

02

03

BIO.
1973年岐阜県生まれ。SP制作会社、広告制作会社を経て、2004年アジール・クラックに参加。2007年独立。2009年A/Mに所属。アートディレクター、デザイナーとして、広告やCDジャケット、カタログなど紙媒体を中心に様々な分野で活動中。
Born in 1973 in Gifu. After working for a sales-promotion production company and an ad production company, she joined Asyl Crack in 2004, going out on her own in 2007. Joined A/M in 2009. Currently active as an art director and designer for various paper-based media including advertising and CD jackets among others.

01. haco.21「spica 2009 autumn」/ カタログ / AD+D / P: MITSUO ST: 丸山佑香（まきうらオフィス）HM: 橘 房図 刺繍: 姉川たく / フェリシモ (2009)

02. haco.23「spica 2010 spring」/ カタログ / AD+D / P: 土井文雄 ST: 相澤 樹 HM: 池田慎二 (mod's hair) / フェリシモ (2010)

03. FUNKY MONKEY BABYS「1st - 6th シングル」「1st & 2nd アルバム」/ CDジャケット / AD+D / ドリーミュージック (2006-2007)

04. Hey! Say! JUMP「Spring Tour 2008」/ パンフレット / AD+D / P: 間仲 宇 (tiimu) ST: 相澤 樹 HM: make up room / M.Co. (2008)

05. NEWS「FIRST CONCERT 2007 IN TAIPEI」/ パンフレット / AD+D / P: 辻 佐織 ST: 野村昌司 HM: KEIKO 刺繍: 清川あさみ / M.Co. (2007)

06. A.B.C-Z&Kis-My-Ft2「first concert」/ パンフレット / AD+D / P: shingotanaka.com ST: 相澤 樹 HM: make up room AW: ENZO / M.Co. (2008)

07. KOSE「FASIO」/ ポスター / AD+D / P: 平間 至 ST: 島津由行 HM: 丹羽寛和 (MAROONBRAND) / コーセー (2005)

08. 加藤成亮「こんなんやってみました。」/ ポスター / AD+D / P: 間仲 宇 (tiimu) ST: 相澤 樹 HM.KEIKO / M.Co. (2008)

09. Wacoal「Fit for My Life 2009 spring & summer」Web ムービー / DI / CA: 内山能明 ST: 相澤 樹 HM: 奥平正芳 (CUBE) / ワコール (2009)

10. MUSIC ON! TV「Spike Sound Garage」/ ポスター / AD+D / P: 池田晶紀（ゆかい）ST: 中川みどり / MUSIC ON! TV (2006)

04

05

06

07

08

09

10

吉田ユニ YUNI YOSHIDA

URL: http://www.yuniyoshida.com \ *TEL:* 03 3475 6707 \ *FAX:* 03 3475 6707 \ *MAIL:* yuni_y@mac.com
TOOLS: Photoshop, Illusurator

01

02

BIO.
1980年東京生まれ。女子美術大学卒業後、大貫デザイン入社。ラフォーレ原宿や資生堂TSUBAKIのデザインに携わる。2006年より、宇宙カントリーにアートディレクターとして所属。2007年に独立し、広告、パッケージデザイン、グッズデザイン、CDジャケット、本の装幀など幅広く活動中。

Born in 1980 in Tokyo. After graduating from Joshibi University of Art and Design, entered Onuki Design, where she worked on projects for Laforet Harajuku and Shiseido Tsubaki. Art director with Uchu Country from 2006. Became independent in 2007, working across a wide range of disciplines including advertising, packaging, novelties, CD jackets and book covers.

01. 装苑 2009 年 4 月号「Tromp-loeil」/ 雑誌 / AD+D / P: 角田みどり HM: 奥平正芳 ST: 相澤 樹 MD: Lyndsay Carol / 文化出版局

02. b+ab「Fall & Winter」/ 広告 / AD+D / P: 内田将二 HM: 小西神士 ST: 小倉由香 MD: Miakina / I.T.apparels Limited (b+ab) (2007)

03. bortsprungt.「2010 Autumn & Winter collection」/ インビテーションカード / AD+D / P: 宮原夢画 HM: 奥平正芳 ST: 優哉 MD: Kotryna, David / bortsprungt. (2010)

04. Vantan「Vantan SPECIAL PROMOTION MOVIE "Get the power!"」/ PV / DI+AD / P: 土井文雄 ST: 飯嶋久美子 HM: 奥平正芳 PR: 中島正晴 PM: 合田 郁 MO: PYRAMID FILM MD: ALMA Casting: 瓜生敬一郎 (e-spirit) MU: 山田勝也（愛印）ビデオエンジニア: 小野木勇生 (Tisman Service) ED: 長島勝一 ポストプロダクション: P-THREE / バンタンデザイン

研究所（2010）

05. Vantan「Vantan SPECIAL PROMOTION MOVIE "Make yourself stronger!"」/ PV / DI+AD / P: 土井文雄 ST: 飯嶋久美子 HM: 奥平正芳 PR: 中島正晴 PM: 合田 郁 MO: PYRAMID FILM MD: Taylor キャスティング: 瓜生敬一郎 (e-spirit) MU: 山田勝也（愛印）VE: 小野木勇生 (Tisman Service) ED: 長島勝一 ポストプロダクション: P-THREE / バンタンデザイン研究所（2010）

06. bortsprungt.「2010 Autumn & Winter / 東京コレクション」/ ファッションショー / AD / ファッションデザイン: 優哉 ST: 優哉 DI: KuRoKo inc. HM: 奥平正芳 / bortsprungt. (2010)

03

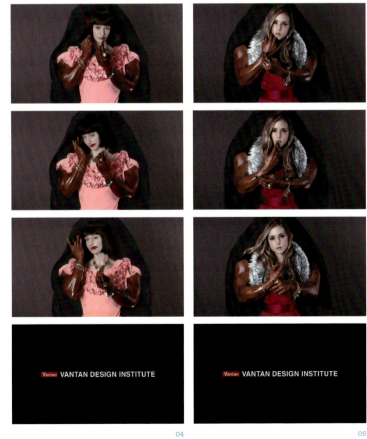

04 05

06

宮田裕美詠 YUMIYO MIYATA

TEL: 076 420 3035 \ FAX: 076 420 3036 \ MAIL: stride@jagda.org
TOOLS: Photoshop, Illustrator \ ADDRESS: 富山県富山市堀川小泉町657

01

02

03

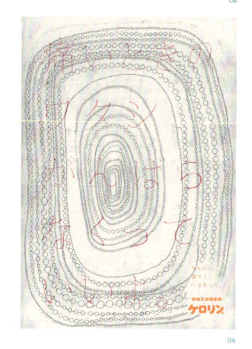

04

BIO.
1973年富山県生まれ＆在住。有限会社クロスを経て、2002年よりフリー。地元の美術館でグラフィックデザイナーである松永 真の「PEACE」を見て、グラフィックデザイナーになることを決心する。広告、グラフィックなどを幅広く手がける。中でも、パッケージ類のデザインが得意。
Born in 1973 in Toyama, where she currently lives. Worked with Cross Ltd, before going freelance in 2002. She decided to become a graphic designer after seeing Shin Matsunaga's work PEACE at a local museum. She works across a wide range of media including graphics and advertising, and is especially strong in packaging.

05

06

07

08

01. 「蝶の時計」/ ポスター / AD+I / 富山大学（2010）
02. 「蝶の時計」/ 雑貨 / AD+D / 富山大学（2010）
03.04. ケロリン / ポスター / AD+D / 内外薬品，クロス（2010）
05.06. 太虚 / ポスター / AD+D / 草子舎（2009）

07. GREEN 2009 / ポスター / AD+D / JAGDA富山（2009）
08. 第9回世界ポスタートリエンナーレトヤマ 2009 / ポスター / AD+D+I / 富山商工会議所
「ポスターの街・とやま」実行委員会（2009）

PHOTOGRAPHER

永瀬沙世

SAYO NAGASE

写真集『青の時間』や、写真展『シャッター＆ラブ〜10人の女性写真家たち〜』
への参加などで知られ、音楽やファッションの仕事でも同世代女性からの共感
を集める永瀬沙世。中学生より『mcシスター』のモデルを務め、若干21歳で
写真家として独立するなど、その経歴からかガーリーカルチャーとの関係で語
られがちな彼女だが、その写真は"少女性"という言葉に収まりきらない、力
強さと思慮深さを湛えている。

——現在の活動内容について教えてください。

ちょうど独立して10年になりますが、今は仕事と作品が半々くらい。仕事は音楽のジャケットや、ファッションに広告も……。こだわらずにやっているので、よく海外で「どのジャンルのフォトグラファーですか？」と聞かれますが、自分としては特にジャンルを絞り込んでいません。撮りたいものはジャンルではないので。

——写真に興味を持ったきっかけは？

よく聞かれるけれども、毎回、答えが違うんです。いろいろな条件が重なっているわけだから。一つは、17、8歳くらいの頃、夢から覚めて突然、「写真をやるしかない！」と思ったんです。それで、その足でコンタックスの売り場に行きました。じつは、兄と姉は芸大に行ったんですが、私は理系がいいな、と思っていました。自由に感性を表現するというよりは、例えば練習すればするほどスキルが上がっていくピアニストのように、"スキル"と"感性"の両方が必要とされる写真という芸術に魅力を感じていましたね。

——中学生の頃からモデルのお仕事をされていますが、撮影現場で写真に興味を持ったわけではない？

モデルになりたいと思っていたわけではないんです。ただ、「人前で何かを表現するってどういうことだろう？」という興味はありました。友達同士で推薦し合うかたちで『mcシスター』に応募していたら、合格してしまった。編集者やカメラマンなど、いろい

ろな人がヴィジュアルを作り上げていく様子を知ることができたから、現場は面白かったですね。それでモデルをやめて、地元の神戸の大学に通学しながら、モデルで稼いだお金を飛行機代に充てて、東京のスタジオにアシスタントとして通い始めました。

——そうまでしてスタジオに通った理由は何だったのでしょう？

とにかく、1日でも早く技術を身に付けたいと焦っていました。写真を撮りたい、そのために自分に足りないものは現実的なスキルだと思っていたから。自由に露出を操るとか、ライティングの知識、取り逃がしがないように素早くフィルムを入れ替えるとか……。アシスタントの現場ではあくまで技術を磨くことに集中したかったので、そこで写真の感性を磨こうとは思っていなかった。人の作品も、小さな世界で完結している写真家より、雄々しくてなれあいのない作風の写真家のほうが好きでしたね。

——大学在学中に独立されていますが、そのきっかけは？

ちょうど作品撮りも兼ねてニューヨークに行っていた時、『ブルータス』の編集の方と知り合ったのでブックを見せて、現地での撮影を引き受けたんです。でも、露出計も三脚も持っていなくて、現像所の勝手も日本とは違うし、必死でした。帰国後、個人で仕事をするならスタジオと両立はできないな、と思って独立を決めたんですが、雑誌に片っ端から電話をかけても、有名な写真家に師事していたわけでもないし、さらに若すぎるという理由で、年

齢のさばを読んで25歳だと言ったとしても、それでも写真を見てもらえない状態が続きました。

——でも、卒業2年後には『Projects File 2002 東海大学建築作品集』でニューヨークADC賞を受賞されていますね。受賞後は、仕事の依頼も増えました？

いや、相変わらずでした（笑）。それにその頃は"クール期"とでもいうような時期で、モデル時代の知り合いには営業のための連絡はしなかったですね。「知っている間柄というだけで仕事をするなんて……」と、あくまで自分を写真の力だけで試したい、ストイックな時期でした。

——よくある「モデルが写真も撮ってみた」という話とは真逆の潔さを感じます。でも、いわゆるガーリーフォトの作風がもてはやされていた頃ですし、友達からの仕事依頼も多かったのでは？

見た目はそっちと間違われてもおかしくない風貌をしていましたけど（笑）、首からカメラを提げてお散歩して、猫や風景をおしゃれに撮りましょう、みたいな風潮には完全にアンチでした。そういったテーマの展覧会の依頼が来た時も、「ガーリーフォトって何？」と聞いたら、「女友達とクラブに行って踊ったり、一緒に遊んだりして写真をノリで撮ればいい」と言われて……。そういう写真を、「これってクリエイティブでしょ？」という姿勢で作品にしたくなかった。売り込み先でも、編集者の方々に90年代のガーリー

フォトブームの話をされたけれど、自分は当時のことをよく知らないし、不思議でしたね。

——確かに、ガーリーフォトのブームは、メディアの側が男性的な目線で作り上げた部分も多いように思います。

当時、ブックを持っていった先でよく、「なぜもっと女性のダークな側面を撮らないんだ」というお説教をされていました。例えば女性のリストカットの跡とか、そういうものを撮ることで生々しい現実と向き合え、と言うんだけど、被写体の暗い面、明るい面、悲しい面という対象を撮ることが"表現"ではなくて、自分の多面的な感性のどの側面にフォーカスを当てて、どう表現するかということが"作品"だと思っているから、そういう言葉にはすごく違和感を持っていました。ちょうど25歳くらいの頃の話です。

——写真集『青の時間』を出されたのと同時期ですね。

そもそもあのシリーズは、本になることが決まる前から、少し距離のある友達を被写体に選んで、あえて作品写真を撮ることを仕事のように事前に許可取りしたり、意図的に距離を置いて撮った作品なんです。自然さを演出するほど不自然なことはない、と思っていたから。自分と相手の緊張をそのまま隠さずに撮る。それは1対1の強いエネルギーの出し合いであり、受け容れ合いでもある。だから、人としての"器"を大きくしなきゃと必死でもがいている時期でしたね。だいたい、相手をごまかして撮るやり方は、

自分をもごまかすことになる、と思うんです。

──写真集を出してから、そうした環境は変わりましたか?

　みんな堂々と"批評"をするようになりました。例えば雑誌の仕事だと、「印刷が暗いよね」とか「レイアウトが悪いよね」と言われても、ロケ当日の天気やデザインなど、自分以外の要素が大きいし、「そこにあなたの気持ちは写っているか」と問われることもない。でも、作品を発表する以上は、全部を自分の責任で引き受けなければいけない、ということを身をもって知りました。無防備だったから、作品を世に出すことの大変さに驚いたし、まわりの言葉を全て受け止められる強い自分にならなければ、と思った。それまでは「自分の表現を世に出して生きていきたいな」と一方通行にしか考えてなかったけれど、まさかこんな試練が待っているとは思いませんでした。でも、それを乗り越えたからこそ、「何を撮っても自分なんだ」という境地にたどり着くことができたと思います。同じような試練は、まだこれから何度もあるでしょうけれど。楽しみです。

──今は、作品と仕事とを、どのように区別していますか?

　どちらもテンションを変えずに、無心に撮ることができるようになりました。どんな状況で何を言われても大丈夫な、自分なりの写真の響かせ方が身に付いたんだと思います。広告仕事で過去の作品と同じものを撮れと言われたとしても、かつては「過去と同じ写真は撮れません」と言っていたと思うけれど、今なら「いいの撮りますよ、任せてください」と言える(笑)。スポーツでいうと、昨日まで飛べなかった高さをある日突然飛べるようになるような、ある種の反射神経を身に付けた、ということなのかな。試練の時期に、"自分らしさにこだわること"の意味のなさに気付いたんです。自分らしさにこだわっていた頃は、あえて自分の枠を打ち出して、表現を狭めていかないとコアな部分が伝わらないんじゃないか、と不安だったけれど、今は逆に、何をやっても自分が出てしまう。写真というよりも、自分でいることに自信がついた、ということだと思います。

──今後の目標、やってみたいことについて教えてください。

　う〜ん、趣味も写真だけだし、旅行など、すべての行動が写真に結びついているので……。でも、写真それ自体は表現のツールで、人生の日記帳にすぎないんです。写真とは、"いかに生きるか"ということだと思うから、1人の人間としてエネルギーを発信して、人のことを受け容れて、人と関わって生きていきたいです。

Q & A

1. 昨日見た夢を教えて下さい。

壁づたいに

古い高い塔を直角に走って登っていた。
ありえない角度とスピードで

2. 自分が得意だと思うことは何ですか？

鼻歌作曲

3. 大切にしているものを3つ教えて下さい。

家族. 自分のまわりの人. 今の今の今！

4. あなたのBGMはなんですか？　クラシック

ピアノのダイナミックな曲（曲名は思い出せません）

5. モットーはなんですか？

偶然は必然だ！

6. 好きな色を3つ教えてください。

イエローとピンクの間の色　ピンクとオレンジの間の色.
白…たくさん

7. 休みの日に出かけたい場所はどこですか？

天文台. イルカと海水浴したい。

8. あなたのアイドルは誰ですか？

アインシュタイン. 父. 藤子不二雄

9. 生まれ変われるとしたら次の人生で何がしたいですか？

科学者、天文学者、宇宙物理学者、

男小生にもなってみたい。

トランポリン飛ぶ人。

Sayo Nagace

天野良子 RYOKO AMANO

URL: http://www.tronmanagement.com \ TEL: 03 5784 3556 \ FAX: 03 5784 3557 \ MAIL: contact@tronmanagement.com
TOOLS: Hasselblad 503CW, Canon EOS 5D Mark II \ ADDRESS: 東京都渋谷区恵比寿西2-20-8-506 (TRON)

01

02

03

04

BIO.
1981年生まれ。2002年大阪ビジュアルアーツ卒業後、渡英。帰国後、松濤スタジオ、フリーロケアシスタントを経て、2008年よりフォトグラファーとして独立。雑誌、カタログなどで活動中。

Born in 1981. Graduated from Osaka Visual Arts in 2002, then went to the UK. After retuning to Japan and working as a freelance location assistant for Shoto Studio, she established herself as an independent photographer in 2008. She does work for magazines, catalogues etc.

05

06

07

01. 作品 / ST: Yuko Takayanagi HA: Hideki Funada MA: 小田徳子
02. 作品 / ST: 塚田綾子 HA: Rumico Hirao MA: 森谷まりこ
03. nina's 2010年 3月号 / 雑誌 / ST: 高山エリ HM: 岩本優子 MD: チェルシー舞花
(étrenne) / 祥伝社
04. MY PRINCIPLE「2009-'10 A/W LOOKBOOK」/ カタログ / AD: Taro Enomoto (7X
nanabai Inc.) ST: Misa Tannai HM: Chihiro（TRON）MD: Milovi (Free Wave) / ルック

(2009)
05. 作品 / ST: 斎藤裕子 HA: UCO MA: 小田徳子
06. 作品 / ST: 斎藤裕子 HA: Furuya MA: 小田徳子
07. nuan+ / Web マガジン / ST: 高山エリ HM: Chihiro（TRON）MD: 兼田カロリナ
（ADESSO）/ スタイライフ (2010)

馬場わかな WAKANA BABA

MAIL: wkn@ba3.so-net.ne.jp
TOOLS: Nikon F5, Nikon FM2, Nikon D3X, PENTAX 645, Hasselblad, Mamiya RZ, Photoshop

01

02

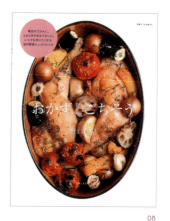

03

04

05

BIO.
旧姓田辺わかな。1974年3月生まれ。日本大学芸術学部写真学科卒業。ササキスタジオを経て、1998年よりフリーランス。現在、書籍、雑誌を中心に、人物から料理まで暮しまわりをぐぐっと深く、幅広く撮影。2009年にはプライベートなリラックスした旅の写真集『Travel Pictures』（ピエ・ブックス）を発表。
Birthname: Wakana Tanabe. Born in March 1974. Graduated from Nihon University College of Art Department of Photography. Became freelance in 1998, after working with the Sasaki Studio. She currently shoots primarily for books and magazines, and her lifestyle-related subjects, which she handles with depth and poignancy, range widely from portraits to cuisine. Published a collection of private, relaxed travel photos in 2009 titled *Travel Pictures* (PIEBOOKS).

06

07

08

PHOTO
Travel Pictures トラベル・ピクチャーズ
田辺わかな

09

10

01.「まいにち、針仕事」/ 書籍 / P / WR: 石川ゆみ AD: 葉田いずみ ST: 堀江直子 / 世界文化社（2009）

02. 暮らしのおへそ Vol.4 / 雑誌 / P / MD: 小林聡美 HM: 富田靖士 / 主婦と生活社（2007）

03.「ル・クルーゼで野菜」/ 書籍 / P / WR: 平野由希子 AD: 岡本健 + ST: chizu / 地球丸（2009）

04.「パウンド型ひとつで作るたくさんのケーク」/ 書籍 / P / WR: 若山曜子 AD: 川村よしえ ST: 道広哲子 / 主婦と生活社（2009）

05.「おかずとごちそう」/ 書籍 / P / WR: 野口真紀 AD: 茂木隆行 / 主婦と生活社（2008）

06. MEN'S NON-NO 2009年 11月号 / 雑誌 / P / MD: イーズリー穣 HM: 伊藤 聡 ST: 吉本知嗣 / 集英社

07.「ブスの瞳に恋してる（文庫）」/ 書籍 / P / WR: 鈴木おさむ MD: 鈴木おさむ, 大島美幸 / マガジンハウス（2008）

08.「モロッコ 羊飼いの少女」/ 作品 / P /（2008）

09. 10.「Travel Pictures」/ 写真集 / P / ピエ・ブックス（2009）

藤岡由起子 YUKIKO FUJIOKA

URL: http://www.fujiokayukiko.jp \ *TEL:* 045 563 9288 \ *FAX:* 045 563 9288 \ *MAIL:* fujio@wf7.so-net.ne.jp
TOOLS: PENTAX 67, Hasselblad 503CW, Canon EOS 5D Mark II

01

02

03

BIO.
1971年生まれ。都内撮影スタジオにてスタジオマンとして勤務。退社後1年間渡英。1997年から写真家ホンマタカシ氏に師事。2000年フリー
カメラマンとして独立、現在に至る。書籍、雑誌、カタログなどを中心に活動。
Born in 1971. After working as Studio Oman at a Tokyo photography studio, she spent a year in the UK. Apprenticed under photographer
Takashi Honma from 1997, before becoming a freelance photographer in 2000. Shoots mainly for books, magazines and catalogues.

05

04

06

07

08

01. 「かぎ針で編むバッグと帽子」/ 書籍 / P / ST: 大橋利枝子 HM: 草場妙子 / 日本ヴォーグ社（2010）
02. 「大人のクチュール」/ 書籍 / P / ST: 鍵山奈美 H: Mina M: 島田真理子 / 文化出版局（2010）
03. 「untitled」/ 作品 / P（2009）
04. 「YOSHINOZAI PROJECT」/ カタログ，Web / P / AD+D: THOMAIN / 奈良県黒滝村商工会（2009）

05. 「untitled」/ 作品 / P（2009）
06. 「YOSHINOZAI PROJECT」/ カタログ，Web / P / AD+D: THOMAIN / 奈良県黒滝村商工会（2009）
07. 「untitled」/ 作品 / P（2008）
08. spoon. 2009年12月号「シロップ」/ 雑誌 / P / ST: 髙山エリ HM: 橘 房図 / プレビジョン

HAL KUZUYA

URL: http://web.mac.com/hal_kuzuya \ *TEL:* 03 5770 5453 \ *MAIL:* mochizuki@switchmanagement.net
TOOLS: Hasselblad, Leica \ *ADDRESS:* 東京都港区南青山3-14-26 カーサセレーナ 2F, 3F（switch）

01

BIO.
1978年東京生まれ。スタジオFOBOSを経て、TISCH氏に師事。2008年、switch managementに所属。現在、広告・雑誌を中心に活動。
Born in 1978 in Tokyo. After working for Studio FOBOS, apprenticed with the photographer TISCH. Joined switch management in 2008.
Shoots mainly for advertising and magazines.

02

01. 02. Ropé Picnic「2010 S/S」/ 広告 / P / CD+ED: Rhino AD: 大島依提亜
ST: 飯田珠緒 HM: 石川知恵（辻事務所）MD: JUDITH (BRAVO) / JUN (2010)

市橋織江 ORIE ICHIHASHI

URL: http://www.ichihashiorie.com \ *TEL*: 03 6379 2446 \ *FAX*: 03 6379 2447 \ *MAIL*: kayo@kayokosato.com
TOOLS: Mamiya RZ67, TOYO VIEW 4X5, Rolleicord \ *ADDRESS*: 東京都世田谷区羽根木 2-26-20-202（佐藤佳代子事務所）

01

02

03

BIO.
1978年7月7日生まれ。武蔵野美術大学中退。2年半のスタジオ勤務後、カメラマンアシスタントを経て、2001年に独立。KIRIN 一番搾り、マクドナルド、UNIQLO などの広告、雑誌や書籍の表紙などがある。またムービーカメラマンとしても、TVCMや映画「ホノカアボーイ」を手がけ、幅広く活躍している。写真集として『Gift』（MATOI PUBLISHING）がある。
Born July 7, 1978. Attended Musashino Art University. After working for a photography studio and as a photographer's assistant, she became an independent photographer in 2001. As a young and energetic photographer she shoots for a wide range of media including advertising for Kirin Ichiban Shibori, McDonald's and UNIQLO, posters for films such as Ge Ge, as well as for TV commercials, CD jackets, magazines and book covers.

04

05

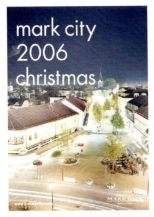

06

09

07

08

01. 「Gift」/ 写真集 / P / MATOI PUBLISHING（2009）

02. マクドナルド / 広告 / P / A+DF: ビーコンコミュニケーションズ CD: 中村仁也 AD: 古川朋亮 フードコーディネーター: 宮田清美 PR: amana / 日本マクドナルド（2005）

03. サントリー Vittel / ポスター / P / A: 電通 CD: 澤本嘉光 AD: 安達 翼 DF: 東北新社 PR: 村上輝樹 PM: 荒井海太 フードコーディネーター: NOSVOS / サントリー（2007）

04. 無印良品『無印良品の新生活』/ カタログ / P / A+DF: 日本デザインセンター AD: 原 研哉 D: 家田順代 MD: 奥窪彰太 / 良品計画（2008）

05. サントリー I love vegi / ポスター / P / A+DF: 電通, 東北新社 SCD+PL: 澤本嘉光 AD: えぐちりか ST: 白山春久 HM: 勇見勝彦 特殊造形: 上野 肇 / サントリー（2009）

06. SHIBUYA MARK CITY / ポスター / P / A+DF: 東京広告、Rocket Company*/RCKT AD: HIDEKI INARA DESIGN / 渋谷マークシティ（2006）

07. 「ホノカアボーイ」/ ポスター / P / A+DF: 電通, ROBOT DI+C: 高崎卓馬 AD: 有山達也 D: 岩渕恵子 / 東宝, フジテレビ（2008）

08. ダ・ヴィンチ 2009年 9月号 / 雑誌 / P / AD: 川名 潤 HM: 佐藤富太 ST: 白山春久 MD: 深津絵里 / メディアファクトリー

09. LOVE フォト / 雑誌 / P / ST: 中本コーソー HM: 伊藤ひさみ MD: 杏 / MATOI PUBLISHING（2010）

一之瀬ちひろ CHIHIRO ICHINOSE

URL: http://freaksphotos.com \ *TEL:* 03 5467 2323 \ *FAX:* 03 5467 2323 \ *MAIL:* office@freaksphotos.com
TOOLS: Hasselblad 500CM, Laica CL \ *ADDRESS:* 東京都渋谷区渋谷4-3-17-1003号

01

02

03

04

BIO.
1975年生まれ。国際基督教大学教養学部卒業。馬場道浩氏に師事後、独立。書籍、雑誌などの撮影を行う傍ら、作品を制作する。2000年コニカフォトプレミオ。2007年写真集『ON THE HORIZON』（AAC）で第41回日本装幀造本コンクール 日本印刷産業連合会長賞。
Born in 1975. Graduated from International Christian University College of Liberal Arts. After apprenticing with photographer Michiharu Baba, she became independent. She pursues her own work in parallel with commercial shoots for books, magazines, etc. Awarded the Konica Photo Premio in 2000, and the Japan Federation of Printing Industries Chairman's Award at the 41st Japan Book Design Competition.

05

06

07

08

01. Metro mins. ／ 雑誌 ／ P ／ スターツ出版（2009）
02. 飛ぶ教室「荒井良二氏ポートレイト」／ 雑誌 ／ P ／ 光村書店（2009）
03.「季節野菜を食べる おかず，スープ，おやつ」／ 書籍 ／ P ／ 河出書房新社（2010）
04.「家で／たべる／つくる／おやつ」／ 書籍 ／ P ／ アノニマスタジオ（2010）

05. ANA AZURE 2009 冬号 ／ 雑誌 ／ P ／ 日経BP企画
06. DUTCH DESIGN ／ 書籍 ／ P ／ ピエ・ブックス（2010）
07. 08.「lights」／ 作品 ／ P（2010）

磯部昭子 AKIKO ISOBE

URL: http://am-tokyo.jp http://www.isobeakiko.com \ TEL: 03 5433 1137 \ FAX: 03 5433 1138 \ MAIL: isobeakiko@am-tokyo.jp
TOOLS: Photoshop, PENTAX K20D, Canon EOS 5D Mark II, Mamiya RZ
ADDRESS: 東京都世田谷区池尻2-32-2 デパール池尻ビル1F

01

02

03

BIO.
武蔵野美術大学造形学部映像学科卒業。在学中より写真作品を多数発表し、フィリップモリス・アートアワード入選をはじめ、エプソンカラーイメージングコンテスト伊藤俊治審査員賞、第18回ひとつぼ展入選、塩竈フォトフェスティバル塩竈賞など様々な受賞歴を持つ。2010年よりクリエイティブマネージメント A/M に所属。
Graduated from Musashino Art University Department of Imaging Arts & Sciences. Began showing her work while still a student. Finalist for the Phillip Morris Art Award and the 18th Hitotsubo Exhibition and winner of the Epson Color Imaging Contest Toshiharu Ito Judge's Award and the Shiogama Photo Festival Shiogama Award, among others. Affiliated with creative management A/M since 2010.

04

05

06

07

01. アーティスト写真 / P / HM: 立野正 A: 神田さおり / 神田さおり（2010）　　03. 作品 / P / MD: ローラン（2010）

02. Hender Scheme「2010-11 A/W Collection」/ 広告 / P+AD / ST: 柏崎 亮 MD: 武川絵里, 長瀬 瞬 / Hender Scheme（2009）　　04-07.「zine 01」/ アートブック / P / AD: 阿部一秀 MD: 上田健太, 下屋敷和文（2010）

かくたみほ MIHO KAKUTA

URL: http://www.mihokakuta.com \ TEL: 090 9124 4553 \ FAX: 03 3780 0237 \ MAIL: mihokakuta@yahoo.co.jp
TOOLS: Hasselblad 500 C/M, Hasselblad 503CX \ ADDRESS: 東京都目黒区青葉台3-1-11ハイパールマンション301

01

BIO.
1977年三重県生まれ。スタジオマンを経て、写真家小林幹幸氏に師事。2009年に初写真集『あふるる』を出版。著書に『DogPhotographer かわいい犬の写真が撮れる本』、『写真の撮り方 きほんBOOK』、『ふんわりかわいい写真の撮り方ノート』がある。
Born in 1977 in Mie. After working at a photo studio, she apprenticed with photographer Motoyuki Kobayashi. Published her first photo book, *Afururu*, in 2009. Author of *DogPhotographer: Kawaii inu no shashin ga toreru hon* (Taking adorable photos of dogs), *Shashin no torikata: kihon book* (How to take photos: the basics) and *Funwari kawaii shashin no torikata notes* (Notes on taking soft and sweet photos).

01.「塩と星」/ 作品 / P（2009）
02.「水」/ 作品 / P（2008）
03.「ホリディ」/ 作品 / P（2005）
04.「森の人」/ 作品 / P（2009）

05.「気球」/ 作品 / P（2009）
06.「白夜」/ 作品 / P（2009）

03

02

04

05

06

片柳沙織 SAORI KATAYANAGI

URL: http://invent.jp \ MAIL: saori@invent.jp
TOOLS: Mamiya RZ67 pro II, Canon EOS 5D, Canon EOS 5D Mark II

01

02

03

04

05

06

BIO.
1977年栃木県生まれ。2001年に両角章司氏師事。2004年上野芳一写真賞受賞、外苑スタジオ写真賞受賞、アド・メイト賞受賞。2005年に独立。2009年エモンフォトギャラリーによる企画展「10's Green」参加。2010年同ギャラリーによる企画展「10's Aqua Blue」参加。現在、雑誌、書籍、広告などで活動中。
Born in 1977 in Tochigi. Apprenticed with photographer Shoji Morozumi in 2001. Winner in 2004 of the Yoshikazu Ueno Award, Gaien Studio Photography Award and the Ad Mate Award. Became an independent photographer in 2005. Participated in the 2009 "10's Green" and the 2010 "10's Aqua Blue" exhibitions at Emon Photo Gallery. Shoots commercially for magazines, books and advertising.

07 08 09

10 11 12

01. 02. 作品（10's aqua blue 出品）/ P（2010）

03. 04.「Untitled」/ 作品 / P（2010）

05. 作品（10's aqua blue 出品）/ P（2010）

06.「Untitled」/ 作品 / P（2010）

07. かぞくのじかん 2010年 冬号 Vol.10「ミシンで縫える、子どもの冬小もの」/ 雑誌 / P / 婦人之友社

08. 09.「手編みのひざかけ」/ 書籍 / P / MD: 麻耶 / ブティック社（2009）

10.「Untitled」/ 作品 / P（2009）

11. 作品（10's green 出品）/ P（2009）

12. 女子カメラ 2010年 6月号「旅とカメラと 吉祥寺・西荻窪さんぽ」/ 雑誌 / P / MD: 臼田 あさ美 / インフォレスト

金 玖美 KOOMI KIM

URL: http://wwww.signo-tokyo.co.jp http://www.koomikim.com \ TEL: 03 5414 2852 \ MAIL: mail@koomikim.com
TOOLS: Photoshop

01

BIO.
1972年生まれ。広告写真のプロダクション所属、マガジンハウスの専属を経て、2004年渡英。ヨーロッパでの仕事を手がけ始める。2006年末帰国。現在、東京をベースに広告、国内外の雑誌、CDジャケットなどで活動中。2008年ROCKETにて個展を開催、作品集『TRANSIENT』出版。

Born in 1972. After working in advertising photography production and exclusively for Magazine House, she went to the UK in 2004 where she began doing work in Europe. Returned to Japan in 2006. Currently based in Tokyo, she shoots for advertising, Japanese and international magazines, and CD jackets, among others. In 2008 she had a solo show at Rocket, and published the photo book *TRANSIENT*.

01. ELEY KISHIMOTO「2010 SPRING/SUMMER COLLECTION」/ ムック / P / ST: 吉田
佳世 HM: EBARA（雅）MD: Patrick, Marie, Riki, Hannah ED: 竹下悦子 / 宝島社（2010）
02. BEAUTY & YOUTH「UNITED ARROWS 2010 S/S」/ 広告 / P / AD: 岩田桂視
D: 畑井克洋 ST: Yoshi Miyamasu（SIGNO）HA: Go Utusugi（switch）MA: 島田真理子
（switch）/ ユナイテッドアローズ（2010）
03. SHIBUYA MARK CITY「MARK CITY 2009 Early Summer」/ 広告 / P / AD: 青木宏

之 D: 関根亜希子 ED: Rocket Company*/RCKT / 渋谷マークシティ（2009）
04. Re-Style Baby & Kids「2010 S/S collection」/ カタログ / P / AD: 青木宏之 D: 関根亜
希子 ST: 杉本好音（heiz）HA: Hiroki Yoshimori（super sonic）MD: Elliot, Ashley（Sugar
& Spice）DF: ガスアズインターフェイス / 伊勢丹（2010）
05. 装苑 / 雑誌 / P / ED: 須藤幸恵 / 文化出版局（2009）

キシマリ KISIMARI

URL: http://www.tronmanagement.com \ *TEL:* 03 5784 3556 \ *FAX:* 03 5784 3557 \ *MAIL:* contact@tronmanagement.com
TOOLS: Canon EOS-1Ds Mark III \ *ADDRESS:* 東京都渋谷区恵比寿西2-20-8-506（TRON）

01

02

03

04

BIO.
1978年生まれ。1998年跡見学園女子大学短期大学部卒業。2001年フォトグラファーとして独立。広告、雑誌、カタログ、CDジャケット
などで活動中。
Born in 1978. Graduated from Atomi Gakuen Junior College. Became an independent photographer in 2001. Shoots for advertising, magazines, catalogues, CD jackets, etc.

06

05

07

01. FREE'S MART「2010 FREE'S MART Visual Book」/ カタログ / AD: 西尾知子
(heads) ST: 白幡 啓 HM: 奥平正芳（CUBE）MD: Victoria（BRAVO）/ FREE'S
INTERNATIONAL（2010）
02. BRUTUS 2009年 9/15号 / 雑誌 / ST: 小沢 宏 HM: 石川ひろ子（mod's hair）MD: ティ
エリー（donna），ナンナ（donna）/ マガジンハウス
03. NYLON JAPAN 2009 年 10月号 / 雑誌 / ST: Michiko HA: Anna（SHIMA）MA:
奈良裕也（SHIMA）MD: CSS / カエルム

04. NYLON JAPAN 2010年 3月号 / 雑誌 / ST: Michiko HM: Chihiro MD: Ludmia
（donna）/ カエルム
05.「ぶさいく」/ 作品 / P
06. FIGARO JAPON 2010年 2/5号 / 雑誌 / ST: 青木千加子 HA: Chinatsu（Image）MA:
津田雅世（mod's hair）MD: JUDITH（BRAVO）/ 阪急コミュニケーションズ
07.「ぶさいく」/ 作品 / P

興石真由美 MAYUMI KOSHIISHI

URL: http://www.mayumikoshiishi.com http://www.mildinc.com ＼ TEL: 03 3464 8310 ／ FAX: 03 5458 8577 ＼ MAIL: contact@mildinc.com
TOOLS: Hasselblad H2, Phase One ＼ ADDRESS: 東京都渋谷区代官山町 4-1 代官山マンション 806 (MILD)

01

02

03

04

BIO.
2000年カルフォルニア州立大学ロングビーチ校 芸術学部写真学科卒業。2002年に帰国。STUDIO FOBOS勤務後、田島一成氏に師事。2006年に独立。2008年より MILD に所属。
Graduated in photography from the California State University Long Beach College of the Arts in 2000. Returned to Japan in 2002. After working at STUDIO FOBOS, apprenticed with photographer Issei Tajima. Became an independent photographer in 2006. Affiliated with MILD since 2008.

05

06

07

08

01. ゼクシィ Anhelo 2010年5/23発売号 / 雑誌 / P / ST: 安久津真良 (CAB) HA: YUUK (super sonic) MA: MINA NODO (SIGNO) / リクルート

02. 05. FIGARO japon 2009年 3/20号「MARGARET HOWELL 09 SS COLLECTION」/ 雑誌 / P / ST: 松尾千鶴子 HM: 稲垣亮式 (maroon brand) / 阪急コミュニケーションズ

03. ANNA SUI COSMETICS / 広告 / P / AD: 水井智子 D: 幡野優子 ST: 長瀬有香 HM: 加茂克也 (mod's hair) / アルビオン (2009)

04. ELLE girl 2010年 2月号「CUTY COWGIRL」/ 雑誌 / P / ST: 一ツ山桂子 (FEMME) HM: 石川ひろこ (mod's hair) / アシェット婦人画報社

06. Harper's Bazaar日本版 2008年 11月号「アルベルタフェレッティ」/ 雑誌 / P / ST: 酒井美保子 HA: AZUMA (mondo-Artist.com) MA: Ryuji (AVGVST) / エイチビー・ジャパン

07. FIGARO japon 2010年 3/5号「sports look」/ 雑誌 / P / ST: 田中雅美 HA: ASASHI MA: NODA NORIKATA (MILD) / 阪急コミュニケーションズ

08. Hanah「あいたい気持ち」/ CDジャケット / P / AD: 山崎泰弘 (ソニー・ミュージックコミュニケーションズ) ST: 後藤則子 (ポストファウンデーション) HM: CHICA / MILESTONE CROWDS (2010)

熊谷直子 NAOKO KUMAGAI

URL: http://www.kumagainaoko.com \ TEL: 03 5724 5157 \ FAX: 03 5724 5159 \ MAIL: info@heizmanagement.com
TOOLS: Nikon F3, CONTAX 645, Canon EOS 5D Mark II \ ADDRESS: 東京都目黒区上目黒3-1-14-303（heiz）

01

02

03

BIO.
1976年兵庫県尼崎市出身。1996年渡仏、パリにて写真を学び、2000年に帰国。藤田一浩氏に師事。2003年よりフリーランスカメラマン
として活動開始。2008年よりheizに所属。雑誌、広告を中心に、ポートレイトや風景写真を撮影するほか、個展・グループ展などでも作品
を発表している。
Born in 1976 in Amagasaki, Hyogo. Went to France in 1996, studied photography in Paris, and returned to Japan in 2000. Apprenticed with
photographer Kazuhiro Fujita. Began working as a freelance photographer in 2003. Joined heiz in 2008. Shoots mainly for magazines and
advertising, but also does portraits and landscapes, showing her works in solo and group exhibitions.

04

05

06

01. 02. 03. HUMAN WOMAN「2007 S/S」/ カタログ / P / AD: 稲葉純一（ART et METIERS）ST: 飯島朋子（ART et METIERS）HA: TOMOKO MA: DAISUKE (SIGNO) / サンエー・インターナショナル（2007）
04. 森ガール papier* vol.1 / 雑誌 / P / ST: 高山エリ HM: ナライユミ MD: 今田早紀（Moana）/ アスキー・メディアワークス（2009）

05. SWITCH 2009 年 3 月号 / 雑誌 / P / AD: 関口修男（PLUG-IN GRAPHIC）MD: 真木よう子 / スイッチ・パブリッシング
06. "EYE" by Optitude「2010 S/S」/ Webカタログ / HM: Akii MD: 菊地沙織（AMAZONE）/ JUN（2010）

前田こずえ KOZUE MAEDA

URL: http://www.kozuemaeda.com \ *TEL:* 090 3600 8321 \ *FAX:* 03 3485 2977 \ *MAIL:* cocokozue@gmail.com
TOOLS: Photoshop, Canon EOS 50D, CONTAX 645, Hasselblad

01

02

03

02

BIO.
1978年福岡県生まれ。おとめ座。3年間のスタジオフォボス勤務後、2003年渡英。ロンドンのセントマーチンズ・カレッジでPortrait（Certificate）を学び、作品制作を始める。2006年に帰国。2009年アメリカ International Photography Award（IPA）で9部門入賞。現在フリーランスとして活動中。

Born in 1978 in Fukuoka. Virgo. Went to the UK in 2003 after working for three years with Studio Fobos. Studied Portrait Photography (Certificate) at Central St. Martins College of Art & Design in London, and began her creative practice. Returned to Japan in 2006. In 2009 she was shortlisted for the US International Photography Award (IPA) in nine categories. Currently works freelance.

01. 02. BabyBabyBaby Vo.11「Ballet story」/ 雑誌 / P / ST: Nao Koyabu MA: Takami
MD: Ballet School Students / celeste（2010）
03. 作品 / P / HA: Yukiko MA: Takami SP: Mayall family
04. Rita Jeans Tokyo「S/S 2009」/ カタログ / P / AD+ST: 百々千春（KiKi inc.）HA:
Kazuya Matsumoto（FEMME）MA: Nagisa MD: Ciara（Image）D: 安宗裕記 SP: Isam

Ikeda / GOOD OFFICES（2009）
05. 06. 作品（IPA2009入賞）/ P / ST: 堀江直子 SP: Mayall family
07. 作品 / P / SP: Mayall family
08. Wooly Vol. 09「LOVELESS PLACE WITH MUSIC」/ 雑誌 / P / ST: 堀江直子
HA: TAKEO（clove）/ サーモンフォレスト（2008）

04

05

06

07

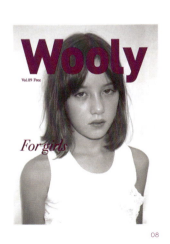

08

MARCO

URL: http://marco149.com \ *TEL:* 03 5433 5500 \ *MAIL:* marco@lucky-star.co.jp
TOOLS: CONTAX 645, CONTAX RX

01

02

03

04

BIO.
1982年生まれ。慶應義塾大学在学中より蜷川実花に師事。2008年、フォトグラファーとして活動開始。現在、『SWEET』、『GISELe』、『ViVi』
などの雑誌、KitKat、RODEO CROWNS、volcomなどの広告・カタログで活躍中。また、写真集では、『AKB48 板野友美写真集 T.O.M.O.rrow』
（主婦の友社）を手がける。
Born in 1982. Apprenticed with Mika Ninagawa while studying at Keio University. Began working as a photographer in 2008. Shoots for
magazines including SWEET, GISELe and ViVi and advertising/catalogues for the likes of KitKat, RODEO CROWNS and volcom. Also worked
on the photo book *AKB48 Tomomi Itano: T.O.M.O.rrow* (Shufunotomo).

05

06

07

08

01. 作品 / P（2009）
02. RODEO CROWNS「2010 spring & summer」/ カタログ / P / MD: 木下ココ / バロックジャパンリミテッド（2010）
03. KitKat Framboise / 広告 / P / ネスレ日本（2010）
04. 「AKB48 板野友美写真集 T.O.M.O.rrow」/ 写真集 / P / MD: 板野友美 / 主婦の友社（2009）

05. e-MOOK「カーリーコレクションの世界」/ 雑誌 / P / ST: 永岡美夏 HM: 奥平正芳（CUBE）MD: サイガサクラ ED: 竹下悦子 / 宝島社（2009）
06. LOVE フォト Vol.1 / 雑誌 / P / MD: 南 明奈 / MATOI PUBLISHING（2008）
07. 作品 / P（2009）
08. 作品 / P（2008）

松原博子 HIROKO MATSUBARA

FAX: 03 6411 6951 \ *MAIL:* atlasgas5@yahoo.co.jp
TOOLS: Linhof Master Technika 4×5, PENTAX 67

01

BIO.
1975年京都生まれ。スタジオマン、カメラアシスタントを経て、2007年に独立。雑誌、広告などを手がける。
Born in 1975 in Kyoto. Became an independent photographer in 2007, after working at a photo studio and as a photographer's assistant.
Shoots for magazines and advertising, among others.

01. jasmine zine Vol. 8 / 小冊子 / P / ST: 小橋淳子 MD: mariko（eva management）（2010）
02. 作品 / P / ST: 小橋淳子 MD: Laura（2010）

03. EllE Japon 2010年4月号 / 雑誌 / P / ST: 椎名直子 HM: 茅根裕己（Cirque）MD: zara / アシェット婦人画報社
04. 作品 / P（2009）

02

03

04

メノナオミ NAOMI MENO

URL: http://www.brandnewfabrique.com \ TEL: 03 5774 6153 \ FAX: 03 5774 6152 \ MAIL: info@brandnewfabrique.com
TOOLS: Photoshop, Bridge \ ADRESS: 東京都港区南青山5-12-2 倉澤ビル9F（bnf.）

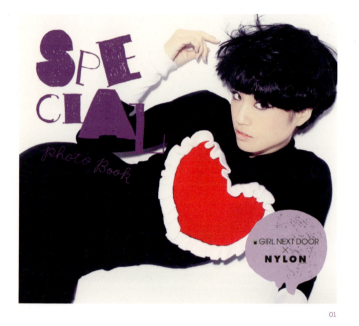

01

02

03

04

05

BIO.
1979年生まれ。高校卒業後、渡米。2000年帰国後、専門学校を経て都内スタジオ勤務。2005年渡英。帰国後、2009年11月よりbrand new fabrique（bnf.）所属。
Born in 1979. Moved to the US after graduating high school; returned to Japan in 2000. After attending technical college and working in a Tokyo photo studio, she went to the UK. Returned to Japan and joined brand new fabrique (bnf.) in November 2009.

06

07

08

09

10

11

12

01. GIRL NEXT DOOR「NEXT FUTURE」/ ブックレット（NYLON版）/ P / D: 滝澤芽衣子 ST: RESTIR HM: 冨沢ノボル（CUBE）MD: GIRL NEXT DOOR（avex）/ エイベックス・エンタテインメント，トランスメディア GP（2009）

02. NYLON 2010年 5月号「RNAタイアップ」/ 雑誌 / P / ST: Yoshino HM: Ebara（雅）MD: 住谷念美（our songs creative）/ トランスメディア GP

03. 作品 / P / HA: 金田仁見 MA: 田中正之（C-LOVe）MD: Adel（BRAVO models）（2009）

04. 作品 / P / ST: 東海林広太（bnf.）HA: 高木政美（bnf.）MA: 藤井康弘（A2）MD: Svetlana G（SATORU JAPAN）（2010）

05. 作品 / P / ST: 東海林広太（bnf.）HA: 高木政美（bnf.）MA: 藤井康弘（A2）MD: Svetlana G（SATORU JAPAN）（2010）

06. 作品 / P / ST: 東海林広太（bnf.）HA: 金田仁見 MA: 栗城千穂子 MD: Maria E（axelle）（2009）

07. 作品 / P / ST: 東海林広太（bnf.）HA: 山田佳苗 MA: 田中正之（C-LOVe）MD: Anastasia T（SATORU JAPAN）（2009）

08. 作品 / P / MA: 田中正之（C-LOVe）R: FIGHT CLUB MD: Cinq Deux Un）（2009）

09. INDEX「2010 SS」/ 広告 / P / AD: 白 承坤（Paik Design Office）ST: タカシバ ユミ（bnf.）HM: 杉山彰啓（mod's hair）R: FIGHT CLUB MD: Olga（EMPIRE JAPAN）/ ワールド（2010）

10. INDEX「2010 SS」/ P / 広告 / AD: 白 承坤（Paik Design Office）ST: タカシバ ユミ（bnf.）HM: 杉山彰啓（mod's hair）R: FIGHT CLUB MD: Olga（EMPIRE JAPAN）/ ワールド（2010）

11. 作品 / P / HA: 金田仁見 MA: 田中正之（C-LOVe）MD: Adel（BRAVO models）（2009）

12. GLITTER 2010年 5月号「EMODAタイアップ」/ 雑誌 / P / HM: Mio（juice）MD: Anna Coca（Cinq Deux Un）/ トランスメディア GP

長坂フミ FUMI NAGASAKA

URL: http://www.fuminagasaka.com \ *TOOLS:* Contax T2

P: Garance Doré

01

02

03

04

05

06

BIO.
名古屋市出身。2001年に単身でニューヨークに渡る。雑誌『STREET』のカメラマンを経て、2007年から『DAZED & CONFUSED』を始めとする国内外の雑誌でエディトリアル撮影を始める一方、ドキュメンタリー作品も手がけ、ニューヨーク、ロンドン、ベルリン、東京で個展を開催。世界中のクリエイティブな友達に囲まれる生活がインスピレーション。最近は、ショートフィルムのコラボレーションも始め、『dazeddigital』などのメディアで発表。ストリートキャスティングにも強く、スカウトしたモデルを撮影することも多い。
From Nagoya. Moved to New York in 2001. After working as a photographer for the magazine STREET, she began doing editorial photography for both Japanese and international magazines including DAZED&CONFUSED, as well as documentary works, which she has shown in solo shows in New York, London, Berlin and Tokyo. She finds it inspiring to live among creative friends from around the world. She has recently begun collaborating on short films, which she presents via media such as dazeddigital. She is strong in street casting, and often shoots models she has scouted herself.

07

08

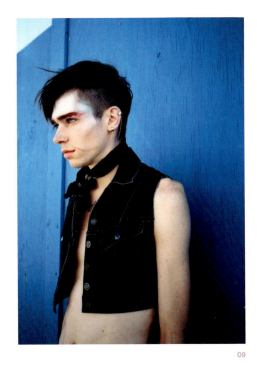

09

10

11

01. DAZED & CONFUSED JAPAN 2009年4月号「Ann Demeulemeester ストーリー」/ 雑誌 / AD+P / カエルム

02.「Dreaming till the sun goes down (Christoffer)」/ 作品 / P (2008)

03. Tank「Jean Pool-Where the only thing ice-washed in the landscape」/ 雑誌 / AD+P / TANK（2008）

04.「Dreaming till the sun goes down (Alfie)」/ 作品 / P (2008)

05. Tokion「Genesis P-Orridge」/ 雑誌 / P (2009)

06. DAZED & CONFUSED JAPAN 2008年11月号「Little Lies (Prada ストーリー)」/ 雑

誌 / AD+P / カエルム

07.「Bahnhof Zoo」/ 作品 / P (2007)

08.「Dreaming till the sun goes down (Paul)」/ 作品 / P (2008)

09. DAZED & CONFUSED JAPAN #63「WE'RE WEARING OUR COLOURS AND WE CAN'T HIDE」/ 雑誌 / P / カエルム (2007)

10. INDIE「Crystal Castles ドキュメンタリー」/ 雑誌 / P (2009)

11. DAZED & CONFUSED UK #51「We are the Robots」/ 雑誌 / P / Waddell Limited (2007)

永瀬沙世 SAYO NAGASE

URL: http://www.nagasesayo.com \ *TEL:* 03 3481 8406 \ *MAIL:* info@flat-management.net
TOOLS: CONTAX 645, Canon EOS 5D Mark II, Nikon 35mm \ *ADDRESS:* 東京都渋谷区富ヶ谷 1-9-16#803

01

02

03

04

BIO.
1978年兵庫県伊丹市生まれ。写真集、広告、ファッション、CDジャケットなどで活躍しながら、その作品のすべてに自らの色を保ち続けている。2006年写真集『青の時間〜THROUGH THE LOOKING-GIRL〜』（プチグラパブリッシング）を出版。
Born in 1978 in Itami, Hyogo. Shoots for photo books, advertising, fashion, CD jackets, etc imbuing all of her photos with her own sense of color. Published the photo-collection *Aoi no jikan* (Blue time) – *Through the Looking Girl* in 2006.

05

BE
TW—
E
—EN
US

Seiyo Nagase
Styling by Kyoko Tamoto

06

07

01. 作品（S magazine vol. 7, Denmark 掲載）/ P / ST: 田本鏡子 HM: 赤間直幸 MD: 今宿
麻美（2008）
02. GINZA 2007年4月号「ローリーズファーム タイアップ」/ 雑誌 / P / ST: 百々千晴（KiKi
inc）HM: 樫山 敦 MD: カティヤ.D（Image）/ マガジンハウス
03.「The trinity」/ 展覧会作品 / P / MD: mariko, naomi, kimi（2010）
04. repipi armario「2010 SS」/ カタログ，ポスター / P / HM: 成田祥子（SHIMA）MD:

KOuKA（OKAZAKI MODELS）/ ポイント（2010）
05.「空中リフレクション」/ 個展用ヴィジュアル / P（2009）
06. 作品（S magazine vol. 7, Denmark 掲載）/ P / ST: 田本鏡子 HM: 赤間直幸 MD: 清水
ゆみ（2008）
07. 作品（Baby magazine 掲載）/ P（2005）

中野佑美 YUMI NAKANO

URL: http://www.akamg.com \ *TEL:* 03 5704 7015 \ *FAX:* 03 5704 2016 \ *MAIL:* mail@akamg.com
TOOLS: Canon, Photoshop

01

02

03

04

05

BIO.
1979年石川県金沢市生まれ。名古屋芸術大学デザイン科卒業。六本木スタジオに入社。スタジオ退社後、腰塚光晃氏に師事。
Born in 1979 in Kanazawa. Graduated in design from Nagoya University of Arts. After working with Roppongi Studio, apprenticed with the photographer Mitsukai Koshizuka.

07

08

06

09

10

01. 02. 03. 04. 05. 伊勢丹新宿店「2010 SS, My Closet」/ カタログ / P / DF: スタジオ・ユニ AD: 樋口牧子 ST: 優哉 (A.K.A) HM: 岡本知子 (A.K.A) / 伊勢丹 (2010)
06. 07. 08. 09. ANGLOBAL SHOP「2010 SS」/ カタログ, Web / P / AD: 田沼広子 HM: 茅根裕己 (Cirque) / アングローバル (2010)

10. NYLON JAPAN 2009年 12月号「Levi's」/ 雑誌 / ST: 遊井美紀 HM: 小澤麻衣 (mod's hair) MD: アンジェラベイビー / カエルム

蜷川実花 MIKA NINAGAWA

URL: http://www.ninamika.com (PC) http://www.ninamika-m.com (mobile)
TOOLS: CONTAX 645, CONTAX RX, CONTAX Aria, Canon 5D Mark

01

02

03

BIO.

東京生まれ。写真ひとつぼ展グランプリ、キヤノン写真新世紀優秀賞、コニカ写真奨励賞、木村伊兵衛写真賞、大原美術館賞など数々受賞。2007年2月劇場公開映画『さくらん』監督。2008年11月に個展「蜷川実花展－地上の花、天上の色－」を東京オペラシティアートギャラリーで開催、2009年から2010年3月まで岩手県立美術館、鹿児島県霧島アートの森、西宮市大谷記念美術館、高知県立美術館を巡回し合計約18万人を動員。

Born in Tokyo. Recipient of numerous awards including the Hitotsuboten Photograph Grand Prix, Canon New Cosmos of Photography Excellence Award, Konica Photo Encouragement Prize, Kimura Ihei Award and Ohara Museum of Art Award. Directed the film Sakuran, which screened in theaters in February 2007. Her solo exhibition "Mika Ninagawa: Earthly Flowers, Heavenly Colors" held at Tokyo Opera City Art Gallery in November 2008 toured the Iwate Museum of Art, Kirishima Open-Air Museum, Otani Memorial Art Museum Nishinomiya City and the Museum of Art Kochi, attracting some 180,000 visitors.

04

05

07

06

08

01.「永遠の花」/ 写真集 / P / 小学館（2006）©mika ninagawa / Courtesy of Tomio
Koyama Gallery
02. VOGUE TAIWAN 2010年4月号 / 雑誌 / P / ST: David Lai MA: UDA HA: Dai
Michishita Prop Stylist: さくら MD: Jolin / Condé Nast Publications
03. LUMINE / 広告 / P / D: 山口範久 CW: 尾形真理子 ST: 飯島久美子 HM: 赤間直幸 Prop
Stylist: さくら MD: Angelababy / ルミネ（2010）
04. Mgirl 2009 Spring/Summer / 雑誌 / P / ST: 斉藤くみ HM: michou. R: 井上友子 MD:
土屋アンナ / MATOI PUBLISHING

05. 個展「蜷川実花展—地上の花、天上の色—」/ 個展告知ポスター / P / D: 田辺智子
（2008-2010）
06. 映画「さくらん」/ メインビジュアル / P（2007）©2007蜷川組「さくらん」フィルム・
コミッティ ©安野モヨコ / 講談社
07. Mgirl 2010 Spring/Summer / 雑誌 / P / ST: Yasuhiro Watanabe MA: Michiru HA:
Taku R: 井上友子 MD: 沢尻エリカ / MATOI PUBLISHING
08. Shu Uemura「Holiday Collection 2008」/ コラボレーション、広告 / P / Shu Uemura
（2008）

野川かさね KASANE NOGAWA

FAX: 03 3780 5572 \ MAIL: kasane@firstcut.co.jp
TOOLS: Nikon FM2

01

BIO.

1977年生まれ。国際基督教大学卒業。日本大学大学院芸術学研究科修了。Artist in residence で CESTA（チェコ）に滞在。写真集に『山と鹿』（ユトレヒト）、『ポケットに山を』、写真展には「山と鹿」（2008年 / CERO, 広島）、「Rainbow Mountain」（2009年 / TMS, 東京自由が丘）、「Mountain, or not」（2009年 / Gallery Rocket, 東京）などがある。

Born in 1977. Graduated from International Christian University and the Graduate School of Nihon University College of Art. Was an artist in residence at CESTA (Czech Republic). Photo books: *Yama to shika* (Mountains and deer) (Utrecht) and Poketto ni yama wo (A mountain in your pocket). Photo exhibitions: "Yama to shika" (Mountains and deer) (2008, CERO, Hiroshima), "Rainbow Mountain" (2009, TMS, Jiyugaoka, Tokyo) and "Mountain, or not" (2009, Gallery Rocket, Tokyo).

02

03

04

01. ヤマケイ JOY 2010春号「山・音・色」（連載）/ 雑誌 / P / WR: KIKI / 山と渓谷社（2010）
02. ヤマケイ JOY 2009秋号 / 雑誌 / P / 山と渓谷社（2009）
03. 「cimaiのずっしり天然酵母パンともっちりイーストパン」/ 書籍 / P / マーブルブックス
（2009）
04. 作品 / P（2009）

朴 玉順 PAK OK SUN

URL: http://www.cubetokyo.com　\　*TEL:* 03 3486 5677　\　*FAX:* 03 3486 5678　\　*MAIL:* info@cubetokyo.com
TOOLS: Photoshop　\　*ADDRESS:* 渋谷区渋谷 1-17-4 渋谷エステート ビル 705（CUBE）

01

02

03

04

BIO.
1999年六本木スタジオ入社。2002年半沢健氏に師事。2005年フリーランスとして活動開始。2006年CUBE所属。
広告、雑誌、CDジャケット、カタログなどで活動中。
Entered Roppongi Studio in 1999. Entered Roppongi Studio. Became apprentice to Takeshi Hanzawa in 2002, and began freelance activities in 2005. Joined CUBE in 2006. Shoots for advertising, magazines, CD jackets and catalogues among others.

05

06

07

08

---

01. ViVi 2010 年 2 月号「藤井リナ連載」/ 雑誌 / P / MD: 藤井リナ / 講談社

02. Leyona「PATCHWORK」/ CD ジャケット / P / cutting edge. エイベックス・エンタテインメント (2010)

03. Taja「Taja」/ CD ジャケット / P / Flying Dog (2009)

04. BEAUTY & YOUTH UNITED ARROWS「2009 A/W」/ 雑誌広告 / P / MD: Conner

Jenkins (Suger & Spice) / ユナイテッドアローズ (2009)

05. 06. 07. L'EST ROSE「spring & summer 2010」/ カタログ / P / AD: Tetsuya Chihara (COLTEX) MD: JULIANA (elite) / ラ・エスト (2010)

08. nssi「2009 A/W」/ カタログ / P / AD: 大島慶一郎 MD: ANNA (donna) / nssi (2009)

佐野方美 MASAMI SANO

URL: http://www.tronmanagement.com \ TEL: 03 5784 3556 \ FAX: 03 5784 3557 \ MAIL: contact@tronmanagement.com
TOOLS: PENTAX 6×4.5, Canon EOS 5D \ ADDRESS: 東京都渋谷区恵比寿西 2-20-8-506〔TRON〕

01

02

03

04

BIO.
1979年生まれ。2000年東京ビジュアルアーツ専門学校卒業後、フォトグラファーとして独立。広告、雑誌、カタログ、CDジャケットなど
で活動中。
Born in 1979. Graduated from Tokyo Visual Arts in 2000 and became an independent photographer working in advertising, magazines, CD
jackets, among others.

05

06

07

01. 02. BOB 2009年 12月号 / 雑誌 / ST: 東 美穂 HM: 八戸亜季子 MD: Voleria (BRAVO)
AW: hamadaraka / 髪書房
03. 04. NYLON JAPAN 2009年 9月号 / 雑誌 / MD: コリー・ケネディ, クリス・ケネディ
/ カエルム

05. 作品 / P
06. NYLON JAPAN 2010年 5月号 / 雑誌 / MD: Beth Ditto (The Gossip) / カエルム
07. 作品 / P

更井真理 MARI SARAI

URL: http://www.angle-management.com \ TEL: 03 5428 3685 \ FAX: 03 5428 3686 \ MAIL: info@angle-management.com
TOOLS: Photoshop \ ADDRESS: 東京都渋谷区代官山町3-13代官山エーデルハイム605（angle）

01

02

03

04

BIO.
現在、ロンドン在住。各国の雑誌、広告を手がける。初の写真集を現在制作中。
Currently living in London. Works in advertising. Her first photo book is currently in production.

05

06

KG BY KURT GEIGER

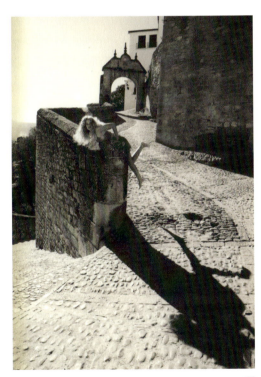

KG BY KURT GEIGER

07

08

01. Harper's Bazzar UK 2009年 4月号 / 雑誌 / P / ST: Vanessa Coyle HA: Lyndell Mansfield (CLM) MA: Kirstin Piggott (Jed Root) MD: Masha Novoselova (Storm)
02. TWIN / 雑誌 / P / ST: Naomi Miller HA: Panos Papandrianos (CLM) MA: Ayami Nishimura (Julian Watson) MD: Imogen (Next)
03. Vanity Fair Italy / 雑誌 / P / ST: Ye Young Kim HA: Panos Papandrianos (CLM) MA: James O'reily (Premier) MD: Georgia Frost (Select)
04. ELLE Japon 2010年 4月号 / 雑誌 / P / ST: Zoe James (Julian Watson) HA: Lyndell Mansfield (CLM) MA: Hiromi Ueda (Julian Watson) MD: Daisy Lowe (Next)
05. 06. METAL 2010 Spring Summer / 雑誌 / P / ST: Raquel Garcia HA: Lyndell

Mansfield (CLM) MA: Mel Arter (CLM) MD: Darya (Premier) I: Kez Glozier (Jed Root) セットデザイン: Alun Davies
07. KG BY KURT GEIGER 「2010 SS」 / 広告 / P / AD: Johnny Lu (Saturday) DF: AND Production ST: Karen Langley HA: Tomo Jidai (Streeters) MA: Ayami Nishimura (Julian Watson) MD: Imogen (ViVa) , Marcelina Sowa (Viva) , Sofia Fisher (Models 1) / KURT GEIGER (2010)
08. deicy 「2010 SS」 / カタログ / P / AD: 田沼広子 ST: 風間ゆみえ HA: Chi Wong (Jed Root) MA: Hiromi Ueda (Julian Watson) MD: Valerie (Select) / deicy (2010)

関根 綾 AYA SEKINE

URL: http://www.ayasekine.com   \   *ADDRESS:* 1-5 Honduras Street, London EC1Y 0TH, U.K.（c/o Harry @ HOST Gallery）
TOOLS: Canon, CONTAX, Photoshop

01

02

03

BIO.
1978年神奈川県生まれ。London College of Printing, Professional Photography Practice 修了。在学中より現地フォトグラファーのアシスタントを勤め、卒業後フリーランス。雑誌、広告媒体のほか、イギリス、日本のギャラリーでの展示も行う。ロンドン在住。
Born in 1978 in Kanagawa. Completed Professional Photography Practice at London College of Printing. Worked as a photographer's assistant while attending school, becoming freelance after graduation. In addition to her work for magazines and advertising, she exhibits at galleries in the UK and Japan. Lives in London.

04

05

06

07

08

01.「Lucie」/ 作品 / P / ST: Nao Koyabu（2009）
02.「Lucie」/ 作品 / P / ST: Nao Koyabu（2009）
03. DAZED & CONFUSED JAPAN「Billy」/ 雑誌 / P / カエルム（2006）
04. 05. 06. SWASH「S/S '09『Jessie and Martha』」/ 広告 / P / ST: Sarah Swash /

SWASH（2009）
07. 装苑 / 雑誌 / P / ST: Megumi Isaka HA: Junya MA: 島田真理子 / 文化出版局（2008）
08. DAZED & CONFUSED JAPAN「The truth of swash」/ 雑誌 / P / ST: 山崎潤祐 HM:
Maki Tanaka / カエルム（2007）

柴田文子 FUMIKO SHIBATA

TEL: 03 5773 4561 \ MAIL: information@etrenne.com \ TOOLS: PENTAX 67, Canon EOS-1Ds Mark III, Makina 67
ADDRESS: 東京都目黒区上目黒2-28-7 中目黒パークハウス104（étrenne）

01

02

BIO.
九州産業大学 芸術学部卒業後、スタジオ勤務。2003年より横浪 修氏に師事。2005年より雑誌や広告を中心に、フォトグラファーとして活動中。人物、風景などとらえる被写体のジャンルも幅広く、活動の場を拡げている。
After graduating from Kyushu Sangyo University Faculty of Fine Arts, she worked for a photography studio, and became an apprentice to Osamu Yokonami in 2003. Working as a photographer primarily for magazines and advertising since 2005, her subjects range widely from animals to landscapes, as she continues to expand her scope of work.

01. 講談社 MOOK「平子理沙 Little Secret」/ 書籍 / P / MD: 平子理沙 ST: 長張貴子 MA: 信沢 Hitoshi HA: 中村未幸 (roraima) / 講談社 (2009)

02. SPUR 2010年 5月号「FORSTE」/ 雑誌 / P / ST: 吉田佳世 HM: jiro for kilico. / 集英社

03. SPUR 2010年 4月号 / 雑誌 / P / ST: タカシバユミ HM: 小澤麻衣 (mod's hair) / 集英社

04.「平子理沙 girls girls girls」/ 書籍 / P / MD: 平子理沙 ST: 山脇道子 HM: 信沢 Hitoshi / 幻冬舎 (2010)

05. SPUR 2010年 5月号「FORSTE」/ ポスター / P / ST: 吉田佳世 HM: jiro for kilico. / 集英社

06. デジタルムービーカメラ Xacti / カタログ / P / ST: NIMU HM: 信沢 Hitoshi / 三洋電機 (2010)

07. Lavshuca「2010 SS」/ 広告 / P / A: コムズ・ファースト ECD: 長崎義紹 (パラグラフ) CD+CW: 廣部尚子 (ライトパブリシテイ) AD: タイクーングラフィックス ST: 相澤 樹 HM: 中野明海 (air notes) R: 西田瑞穂 (IINO GRAPHIC IMAGES) / カネボウ化粧品 (2010)

06

03

04

07

05

田尾沙織 SAORI TAO

URL: http://www.strawberrys.co.jp \ *TEL:* 03 5725 8325 \ *FAX:* 03 5725 8326 \ *MAIL:* mail@strawberrys.co.jp
TOOLS: Hasselblad \ *ADDRESS:* 東京都目黒区中目黒2-8-3 2F (strawberry pictures)

01

BIO.
1980年東京生まれ。2001年、第18回写真ひとつぼ展グランプリ受賞。『ビルに泳ぐ』(2002)、『LAND OF MAN』(2007) と題した個展を開催。2006年、イベント『シャッター＆ラブ -10人の女性写真家たち』(INFASパブリケーションズ) に参加。2010年、写真集『通学路 東京都 田尾沙織』(PLANCTON) 発売。
Born in 1980 in Tokyo. Grand prix winner of the 18th Hitotsubo Photography Exhibition. Solo shows: "Biru ni Oyogu" (Swimming in buildings)(2002) and "Land of Man" (2007). Participated in the event Shutter & Love – 10 Women Photographers (INFAS Publications) in 2006. Published the photo book School Road: Tokyo (PLANCTON) in 2010.

02

樽木優美子 YUMIKO TARUKI

URL: http://www.tronmanagement.com \ *TEL:* 03 5784 3556 \ *FAX:* 03 5784 3557 \ *MAIL:* contact@tronmanagement.com
TOOLS: Canon EOS 5D Mark II, DPP, Photoshop \ *ADDRESS:* 東京都渋谷区恵比寿西2-20-8-506 (TRON)

01

02

03

04

BIO.
1980年生まれ。2002年バンタンデザイン研究所卒業。スタジオ23を経て、伊藤彰紀氏に師事。2009年よりフォトグラファーとして独立。雑誌、カタログなどで活動中。

Born in 1980. Graduated from Vantan Design Institute in 2002. Worked with Studio 23 and as an apprentice to Akinori Ito, before becoming an independent photographer in 2009.

05

06

07

08

01. 作品 / P / ST: 古田千晶 H: 高柳公太郎 MA: MAKIKO endo（2009）
02. tiny dinosaur「2009-'10 A/W」/ カタログ / P / ST: 椎名直子 HA: 高柳公太郎 MA: MAKIKO endo / リタルダンド（2009）
03. 作品 / P / ST: moriyan HA: 高柳公太郎 MA: 横山雷志郎（2008）
04. tiny dinosaur「2009-'10 A/W」/ カタログ / P / ST: 椎名直子 HA: 高柳公太郎 MA: MAKIKO endo / リタルダンド（2009）
05. SECTA「2010 A/W collection」/ カタログ / HM: 高柳公太郎 MD: stella（Surge）/ スローアートワークス（2010）

06: PUMA「F/H 2009 PUMA Children Visual」/ ポップ / P / AD: 武田健吾（acrobat）D: 高橋豊史（acrobat）、蓑原智子（acrobat）HM: 高柳公太郎 MD: ETHAN.G（AVOCADO）、EMMA.O（AVOCADO）/ プーマ ジャパン（2009）
07: 作品 / P / ST: YOSHINO HA: 工藤 綾 MA: INAKI（2008）
08: ELLE ON LINE / Web / P / ST: 古田千晶 HM: 古川洋子 MD: Nikola（donna）/ アシェット婦人画報社（2010）

角田みどり MIDORI TSUNODA

URL: http://midori-tsunoda.com ＼ TEL: 090 8057 0561, 080 3471 7867（MG: 佐藤） ＼ FAX: 03 6904 8708
TOOLS: Photoshop ＼ MAIL: photographer@midori-tsunoda.com

01

02

03

04

BIO.
1977 年生まれ。上智大学外国語学部ロシア語学科卒業。会社勤務を経て、宮原夢画氏に師事。 2004 年より独立。主に、雑誌、カタログ、
CD ジャケットなどで活躍中。
Born in 1977. Graduated in Russian from Sophia University Faculty of Foreign Studies. After working for a company, she apprenticed with
Muga Miyahara, and has been working independently since 2004. Shoots mainly for magazines, catalogues and CD jackets.

06

07

05

08

09

01. Casa Brutus 2006 年 12 月号 / 雑誌 / P / Fashion Director: 祐真朋樹 MA: 柳澤宏明
(eight peace) HA: KANADA (Image) ED: 山本和美 / マガジンハウス
02. AERA STYLE MAGAZINE 2009 年 SUMMER / 雑誌 / P / ST: 櫻井賢之 HM:
岩田惠美 MD: 城田 優 ED: 山本昇弘 / 朝日新聞出版
03. Shinbiyo 2010 年 4 月号 / 雑誌 / P / HM: 川原文洋 (studio V) ST: 相澤 樹 MD: Yuriko
(Image) ED: 新井久美子 / 新美容出版
04. 装苑 2008 年 8 月号 / 雑誌 / P / HM: 松本 順 (Tsuji) MD: Sarra Jane ED: 岡田佐知子 /
文化出版局

05. Pen 2008 年 7/1 号 / 雑誌 / P / ST: 中河原 寛 (CaNN) HA: KANADA (Image) MA: 鹿
ノ戸美春 ED: 石川康太 / 阪急コミュニケーションズ
06. Pen 2009 年 10/15 号 / 雑誌 / ST: 池田尚輝 HM: 柳澤宏明 (eight peace) ED: 石川康
太 / 阪急コミュニケーションズ
07. high fashion 2009 年 10 月号 / 雑誌 / HM: 松本 順 (Tsuji office) / MD: Ernesta ED: 羽
場由美子 / 文化出版局
08. 「untitled」 / 作品 (2009)
09. 「untitled」 / 作品 (2009)

薮崎めぐみ MEGUMI YABUSAKI

URL: http://megumiyabusaki.com \ TEL: 03 3410 5702 \ MAIL: info@megumiyabusaki.com
TOOLS: Canon 5D, Hasselblad, CONTAX \ ADRESS: 東京都世田谷区池尻 2-37-14-601

01

02

03

04

05

BIO.
静岡県生まれ。桑沢デザイン研究所卒業。スタジオ経験後、フォトグラファー松尾幹生氏に師事。2001年より毎年カフェなどでの展示後、2007年 UP FIELD GALLERY にて個展「composition des trains」を開催。現在、広告写真、雑誌を中心に活動中。
Born in Shizuoka. Graduated from Kuwasawa Design School. Worked for a photo studio, before apprenticing with photographer Mikio Matsuo. After exhibiting her works annually at cafés etc beginning in 2001, she held a solo show, "composition des trains," at UP FIELD GALLERY in 2007. She currently does mainly advertising photography and shoots for magazines.

07

06

08

10

09

11

01.「家族のパーティー」/ パンフレット / P / たき工房（2008）
02.「Mitsue」/ 作品 / P（2001）
03.「美人時計 × 渋谷パルコ × ナイロンジャパン」/ 店頭ビジョン / P / MD: 奥間 唯
（elite）/ パルコ（2009）
04.「FBI」/ 作品 / P（2002）
05.「sunday」/ 作品 / P（2001）

06.「sky light」/ 作品 / P（2001）
07.「花をつむぐ岡田恵子のフラワーデザイン」/ 書籍 / P / アシェット婦人画報社（2008）
08.「ドイツ取材」/ パンフレット / P（2009）
09.「sils maria」/ 作品 / P（2009）
10.「summy」/ 作品 / P（2009）
11. 芝浦工業大学オープンキャンパス「ものづくりのトラになろう」/ Web / 進研アド（2009）

ILLUSTRATOR

東 ちなつ
CHINATSU HIGASHI

まばゆいパステルカラーに、リボンやフリル、コラージュされたアクセサリーなど、"女子なら萌え必至！"と評判の、東 ちなつの作品たち。2005年に独立し、平面はもちろん、立体や自ら発行するミニコミなど、"イラスト"の範囲に留まらない作品を精力的に発表してきた。ロマンチックな少女性と、じつは大胆な遊び心のミックスで展開されるその世界観は、単なる"可愛さ"を超えた、色とりどりの魅力に満ちている。

——現在の活動内容について教えてください。

雑誌への作品提供や書籍の装丁に加えて、広告の仕事も手がけています。一方で、展覧会を毎年1回くらいのペースで開催して、自分の作りたいと思う作品を発表しています。切り絵をやったり、立体も作ったりと、仕事に関してはまず"お題ありき"で、それに応じてタッチなども変えているので、いわゆるイラストレーターというよりは、もしかしたらデザイナーに近い活動スタンスかもしれませんね。

——最初に、絵を描くことを仕事にしたいと思ったのはいつのことでしょうか?

父がデザイナーで、よく自宅に雑誌『イラストレーション』を持ち帰ってきていたので、小さい頃からそれを眺めては、「どうしたらこういう職業になれるんだろう」と、興味を持ってはいました。それで、日本大学芸術学部のデザイン学科に入学して、村上春樹本の装丁などで知られる大御所イラストレーター、安西水丸さんのイラストゼミを選んだのですが、当然、そこで特に就職先を紹介してくれるということはなく、絵を職業にしたいなら自分でがんばるしかない、ということは考えましたね。

一方で、在学中にある女性イラストレーターのお手伝いをやっていたのですが、でも自分はこの先、誰かのアシスタントを続けたいわけではなく、自分が描きたいと思う絵を描いていきたいわけですから、そこにずっと留まるわけにはいかないと思っていました。

それで、卒業後は原宿の展示スペース『ラップネット・シップ』でアルバイトをしながら、イラストレータースクールの『パレットクラブ』に通って、安西さんほか講師の方々に作品を見せたりしていたんです。ラップネットでは、アーティストの展示の様子や、作品の搬入・搬出を間近に見ることができ、いい体験になりましたし、最後には展示をさせてもらうことができたんです。ちょうどその時、文筆家で雑貨レーベル『Loule(ロル)』を主宰している甲斐みのりさんが見に来てくれたのがきっかけで、在庫管理や発送など甲斐さんのアシスタント的な仕事を、自分の絵の仕事をしながらアルバイトでやるようになりました。

——それと並行して、イラストの仕事も始められたとのことですが、最初のお仕事はなんだったのでしょうか?

『オリーブ』の仕事で、それはパレットクラブで講師をされているアートディレクターの藤本やすしさんが紹介して下さったのがきっかけだったんですが、そこから手芸の本の図解イラストや、雑誌用のイラストマップなど、細かいカットの仕事が入り始めたんです。Louleでアルバイトもやっていたから、この頃がいちばん忙しかったですね。でも、絵を描いてお金をもらえるということが、こんなに嬉しいとは思っていなかった、と感じました。それで、そこから"わらしべ長者"的に仕事が増えていったんですが(笑)、どういうことかというと、ある出版社の装丁室の方から「うちではお願いできる仕事はないけれど、ここに行ってみたら?」と、装

丁デザイナーの方を紹介していただき、さらに同じかたちでデザイナーのセキユリヲさんを紹介していただいたところ、セキさんがちょうどアートディレクターとしてイラストの雑誌『みづゑ』の復刊を手がけていた頃ということもあり、たくさんお仕事のお声掛けをいただきました。

——まさに人のつながりで仕事を広げていったわけですね。

そうですね。ただ、仕事はあくまで仕事ですし、一方で自分の描きたい絵も描くことで、バランスを取ってきたように思います。例えば、小学館の雑誌『きらら』の表紙の作品は、元々は個展用の作品として、キャンバスに描いた果物のドローイングにコラージュを施すかたちで作っていたものですが、それを表紙に使っていただいた。そういう例はほかにもあって、やっぱり、自分で楽しんで作っているのが人にも伝わるのかな、と思いますね。一方でこの立体の鹿の頭部は、『OZ plus』の表紙用に鹿の絵を描いてほしいという依頼を受けて、それなら平面より立体のほうがいいと思います、と逆提案のかたちで作ったものです。裁縫は趣味程度の腕前なのですが、「こういう形になれば面白いはずだ」というカンを頼りに作った作品で、編集者の方には「たいへんだったでしょう」と、びっくりされましたね(笑)。

——仕事を依頼する側も、いい意味で予想とは違うものができてきたほうが、やはり嬉しく感じるのでしょうね。ただ、そこで「これはちょっ

と」と言われた時はどうしますか?

自分としても妥協はしたくないけれども、編集者がそのほうが面白いと思うのであれば、クライアントワークである以上、向こうの希望に合わせたほうが次の仕事につながるでしょうし、それはそれでいいと思います。でも、最近はなぜか「森ガールが好きそうな作品をお願いします」という依頼が立て続けに来ていて、具体的にどういう作品に仕上げたらいいのか、そもそもなぜ自分に森ガール風の作品の依頼が来るのかが不思議だったりしていますね。

——女性が好むような、可愛らしくほっこりした作品という意味では、東さんの作風は"森ガール好み"と思われてもおかしくないように思うのですが、どんなところに違和感を感じますか?

いや、もちろん森ガールな方が私の作品を好きと言ってくれるのは嬉しいことなんですが、なんというか、"森ガール"という一言で私の作品を型にはめてほしくない、ジャンル分けされたくないというか……消費されてしまいそうな気がするんです。ただ、ここで「森ガールなんて」と言い過ぎても、それはそれで同族嫌悪な感じがしてしまいますよね(笑)。"乙女"とか"ガーリー"といった言葉にも同じようなニュアンスを感じてしまうんですが、私はそもそも、森ガール的なものやガーリーなものを作ろうとは意識していないので……「しめしめ」くらいの気持ちですかね(笑)。

——東さんはそういう言葉が流行るよりも先に、ご自身が好きなもの

を追求して今の作風に至ったわけですから、それを後から一言で括られることに違和感を持つは当然だと思います。では、今の明るい色彩感覚に至ったきっかけは何だったのでしょうか？

　それぞれ、その時期の気分によって違うのですが、昔の日本のレトロなものが好きだった時期もあれば、60年代のフランスを好きな時期があったりと、さまざまなものに興味を持ってきた中で、ただ可愛いだけでなくて、"可愛い"が研ぎ澄まされて"格好いい"になっているようなものがずっと好きだったように思います。可愛いものというと、「男子は立ち入り禁止！」みたいな、女風呂のようなイメージがありますよね（笑）。閉鎖された空間だったり、球体関節人形のような耽美な雰囲気だったり……。でも私は、必ずしも女性だけにいいと感じてもらいたいわけではないんです。いつも「自分の作品の対極にあるものは何だろう？」と考えるんですが、一言で言うならそれは迷彩柄なんです（笑）。そういう想像をして、みんなの思う"可愛い"感覚を裏切ることを楽しんでいるのかもしれませんね。

――年1回くらいで展覧会を開催しているということですが、それは毎年、1つのテーマを掲げて、展覧会をめがけて作品を作っていくわけですか？

　そうですね。仕事で作ったものを並べるよりも、一つのテーマに沿った世界観を作り上げたほうが、面白いものができると思いますから。あとは、これも自分の作品的な活動だといえると思う

んですが、小冊子を作って、お店に置いてもらったりしています。写真や作品をコラージュして、自分のプリンターで出力して、ホッチキスで留めて……でもそれで300冊を作るのは大変なんですけれど。その小冊子に、樹脂の中にコンペイトウを閉じ込めて作ったアクセサリーを付けて、セットで販売しています。なぜセットかというと、アクセサリーだけ販売すると、今度は"アクセサリー作家"だと思われてしまうのが怖いので（笑）。

――これからもどんどん活動領域が広がっていきそうに思いますが、今後やってみたいこと、目標について教えてください。

　作品集を出したいとは思っているんですが、今はまだ早いかな、と考えています。自分はこの先ずっとこの仕事をしていきたいわけだから、焦ることなく、自分の方向性が今よりもっと定まったらいつかはという感じですね。仕事については、見る人の記憶に残る表現をしたい、と思っています。やっぱり、何か一言で括られてしまうと、すぐに消費されてしまいそうな気がしていて、だからというわけではないけれど、例えば私は、ものすごく可愛い女の子よりも、どこかコンプレックスのある女の子のほうを描きたいと思うんです。可愛いウサギのバレリーナを描くよりも、私ならブタを描きたいと思ってしまう。それはたぶん、そのほうが一生懸命な感じがするからだと思うんですけれど、やっぱり可愛いだけじゃなくて、"可愛い"を突き抜けた先の、何かしら意外な裏切り感や面白さがあるものを作っていきたいな、と思っています。

Q&A

TO creator profile

FROM chinatsu higashi  ch.

- - - - - - - - - - - - - - - - - - - -

1. 昨日見た夢を教えて下さい。

　　　胸をガボーボーに生えてきて むしり取ってる夢。キングコングの様 だった。

2. 自分が得意だと思うことは何ですか?

　　　チマチマとした 単純作業

3. 大切にしているものを3つ教えて下さい。

　　　　猫　主人　家族

4. あなたのBGMはなんですか?

　　　　　　　??? (なんでも聞いたり 無音になったり)

5. モットーはなんですか?

　　　　　雄弁は 銀 ，沈黙は 金

6. 好きな色を3つ教えてください。

　　　牛乳の白 ，鼻血の赤、　← ふたつが混じってできた ピンク

7. 休みの日に出かけたい場所はどこですか?

　　　　こもりがち なので どこへでも

8. あなたのアイドルは誰ですか?

　　　　イヴ サンローランの おてんば ルル

9. 生まれ変われるとしたら次の人生で何がしたいですか?

　　　　なんだろう??

秋山 花 HANA AKIYAMA

URL: http://hanaakiyama.com ＼ *MAIL:* akiyama@jagda.org
TOOLS: 鉛筆, アクリル絵の具

01

02

03

BIO.
東京生まれ。イラストレーターの両親のもとに育つ。多摩美術大学大学院博士課程前期グラフィックデザイン研究領域修了。2009 the Society of Illustrators: Illustrators 52（アメリカ）入賞。現在、フリーランスのイラストレーターとして活動中。2009年、作品集『"IHATOV" FARMER'S SONGS』（PLANCTON）を出版。
Born in Tokyo. Raised by illustrator parents. Completed the masters program in graphic design at Tama Art University. Winner of the 2009 US Society of Illustrators: Illustrators 52 award. Currently works as a freelance illustrator. Published a collection of works entitled *"IHATOV" FARMER'S SONGS* (PLANCTON) in 2009.

広告

う何力のら日
。だっ発で本
ろて想はな

KOHKOKU
2009
July
Vol.379

690円

7月号

04

05

06

NEBULAR FOR THIRTEEN　NGATARI

07

strangeness

08

此処
彼処

川上弘美

09

10

---

01. IDEE「XMAS 2009: Arts, Crafts & Articles」/ ポストカード / I / IDEE（2009）

02.「"IHATOV" FARMER'S SONGS」/ 作品集 / I / PLANCTON（2009）

03. ecocolo 2009 年 10 月号「映画とごはん」/ 雑誌 / I / エスプレ

04. 広告 2010 年 7 月号「日本の発想力」/ 雑誌 / I / スープ・デザイン、博報堂

05.「"IHATOV" FARMER'S SONGS」/ DM / I / PLANCTON（2009）

06. 真夜中 No.8 2010 Early Spring「ケンカの光景」/ 雑誌 / I / リトルモア

07. NGATARI「NEBULAR FOR THIRTEEN」/ CDジャケット / I / IPROGRESSIVE FOrM（2010）

08. kazumasa hashimoto「strangeness」/ CDジャケット / I / noble（2010）

09.「此処彼処」/ 書籍 / I / WR: 川上弘美 / 新潮社（2009）

10. CICOUTE/BAKERY「シュトーレン」/ ポストカード / I / CICOUTE/BAKERY（2009）

青木京太郎 KYOTARO AOKI

URL: http://wwwkyotaro.biz \ *MAIL:* kyotarow@sweet.ocn.ne.jp
TOOLS: 鉛筆、色鉛筆、水彩絵の具、アクリル絵の具

P: DYSK

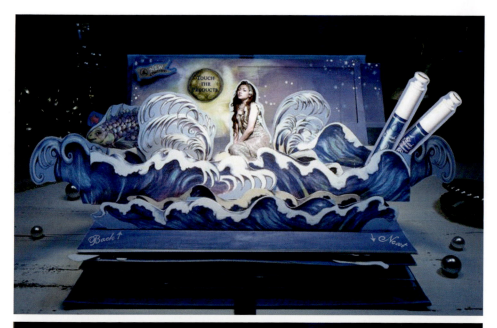

01

BIO.
1978年京都生まれ。1998年京都嵯峨美術短期大学グラフィックデザインコース卒業。ルーツは漫画、メルヘンからインスピレーションを得ており、幼い頃から漫画や絵本の挿し絵、サイケデリックな絵に興味を持つ。2010年にミヅマ・アクションにて2回目の個展「妖精たちの行く道－I SAW A LOT OF FAIRIES 2004-2010」を開催。
Born in 1978 in Kyoto. Graduated in 1998 from Kyoto Saga Junior College of Arts. Her roots lie in manga, and she takes inspiration from fairy tales. She has been interested in manga, picturebook illustrations and psychedelic paintings since childhood. She had her second solo show, "I Saw a lot of Fairies 2004-2010," at Mizuma Action in 2010.

01. マジョリカ マジョルカ「chapter 15 Splashing blue」/ Web広告 / I / MD: 美波 DF: ビービーメディア / 資生堂 (2007)
02. 「うさぎ男」/ 作品 / (2009)
03. 「オザキ」/ 作品 / (2009)
04. 「オネズ姉さん」/ 作品 / (2009)

05. 06. ff（フフ）「ウィンクパワーアイズ」/ TVCM / キャラクターデザイン / DI+P: 竹内スグル ST: 伏見京子 MD: 観月ありさ DF: ビービーメディア / 資生堂 (2001)
07. Zipper 2010年4月号「マドモアゼル愛の12星座恋占い」/ 雑誌 / I / 祥伝社
08. Numero TOKYO 2009年2月号「橘さくら 2009年『幸運を呼ぶ』占星術」/ 雑誌 / I / 扶桑社

02

03

04

05

145

紙野夏紀 NATSUKI CAMINO

URL: http://cammino.jp/top \ *MAIL:* info@cammino.jp
TOOLS: ケント紙、ロール紙、アクリルガッシュ

01

02

03

04

BIO.
京都市立芸術大学デザイン科プロダクトデザイン専攻卒業。2007年よりイラストレーターとして貼り絵の手法で国内外で展示を行うほか、
エディトリアルを中心に活動中。ノート展大賞、ザ・チョイス入選、TIS公募入選。2010年、表参道HBギャラリーにて個展。
Graduated in product design from Kyoto City University of Arts. Since 2007 she has been showing her chigiri-e works made of torn colored
paper in Japan and abroad and working in editorial design. Winner of the Illust-note "Note" exhibition grand prix (Seibundo Shinkosha) and
finalist for Illustration magazine's The Choice and the TIS (Tokyo Illustrator's Society) Open Competition. She had a solo show in 2010 at HB
Gallery in Omotesando (Tokyo).

01. 作品 / I（2007）02. 作品 / I（2009）03. 作品 / I（2009）04. 作品 / I（2009）
05. Harper's Bazaar日本版 2010年 2月号「ハッピーと成功をつかむ星占い」/ 雑誌 / I /
AD: 髙村雄介 D: fairground / エイチビー・ジャパン

06. InRed「バカンス気分あふれる、『テイクアップ』の夏ジュエリー」/ 雑誌 / I /宝島社
（2009）
07. 作品 / I（2009）

會本久美子 KUMIKO EMOTO

URL: http://emmm.exblog.jp \ TEL: 0422 71 1611 \ FAX: 0422 26 9763 \ MAIL: em_mmmmmm@hotmail.com
TOOLS: 鉛筆, 色鉛筆, マーカー, アクリル絵の具, Photoshop \ ADDRESS: 東京都武蔵野市吉祥寺南町 2-13-12 大洋ビル 1F四月内

01

02

03

04

BIO.
1981年生まれ。創形美術学校卒業。ザ・チョイス入選、ノート展入選。これまでに、小説、ミュージシャン、ファッションブランドなどの世界観やイメージを描く仕事を多く手がける（クライアント：一青窈、YUKI、ANNA SUI、BAYCREWS、パルコ池袋など）。2008年、吉祥寺のセレクトグッズショップ「四月」店内の壁画を制作。現在、同店でオリジナル商品を展開している。

Born in 1981. Graduated from Sokei Academy of Fine Art & Design. Finalist for Illustration magazine's The Choice and the Illust-note "Note" exhibition. To date much of her work has centered on depicting views of the worlds of novels, musicians, fashion labels, etc (including Yo Hitoto, Yuki, Anna Sui, Baycrews and Parco Ikebukuro). In 2008, she did wall murals for the multi-label shop Shigatsu in Kitchijoji, and is currently developing original products for the shop.

05

06

07

08

01. 「YUKI LIVE 2007 5star tour『The gift will suddenly arrive If you are ready for it』」/ Tシャツ / I / AD: THROUGH. (2007)
02. 藤井大丸「Stage Effects」/ フリーペーパー / I / D: 藤原辰也 / 藤井大丸 (2008)
03. F.M.K.D. / CDジャケット / I / AD: coa graphics / kick (2009)
04. ANNA SUI「伊勢丹ライン 2010年 SPRING」/ カタログ / I / AD: 矢部綾子 (kidd co.,ltd) / ANNA SUI (2010)
05. 「girl」/ 作品 / I / (2007)
06. Esquire 2008年2月号「進化する映画×リアリティ」/ 雑誌 / I / AD: 桜井 久 D: 坂詰佳苗 / エスクァイアマガジンジャパン
07. 「YUKI LIVE "5-star" YUKI LIVE "5-star"『The gift will suddenly arrive If you are ready for it』」/ ライブ記念品, ポストカード / I / AD: THROUGH. (2007)
08. Esquire 2008年2月号「進化する映画×リアリティ」/ 雑誌 / I / AD: 桜井 久 D: 坂詰佳苗 / エスクァイアマガジンジャパン

服部あさ美 ASAMI HATTORI

URL: http://www.asamihattori.cc \ MAIL: asamihattori@gmail.com
TOOLS: 鉛筆, クレヨン, Illustrator, Photoshop

01

02

03

04

BIO.
1975年神奈川県生まれ。ROCKET(ギャラリー)のスタッフを経て、1998年よりフリーランス。雑誌、ファッション、音楽、広告などの手がける。
2001年JACA日本ビジュアルアート展入賞。
Born in 1975 in Kanagawa. After working at the gallery ROCKET, became a freelance illustrator in 1998. She does work for magazines,
fashion, music and advertising. Received the 2001 JACA (Japan Art & Culture Association) exhibition award.

01. FIGARO 2010年6月号「石川ゆかり 星のアドバイス」/ 雑誌 / I / 阪急コミュニケーションズ

02. saji #2「What's saji」/ 雑誌 / I / saji（2009）

03. 岡本真夜「ALL ALBUM SELECTION BEST『My Faborites』」/ CDジャケット / I / クラウンレコード（2010）

04. 別冊あんふぁん「五感をつかって、親子で遊ぼ」/ 雑誌 / I / ASOBOT（2007）

05. 櫛引彩香10周年記念 / バッグ（ノベルティ）/ I / mille books（2009）

06. ウサギグッズ「LO&」/ 雑貨 / I / mille books（2010）

07.「ジョナさん」/ 書籍 / I / WR: 片川優子 / 講談社（2005）

08.「Sweet Voices-Gentle Boyfriends」/ CDジャケット / I / 監修: Harco / ポリスター（2009）

09.「untitled」/ 作品 / I

10. saji #3「いちごのレシピ」/ 雑誌 / I / saji（2009）

05

06

07

08

09

10

東 ちなつ CHINATSU HIGASHI

URL: http://chinatsuhigashi.com ＼ *MAIL:* chinatsuhigashi20@yahoo.co.jp
TOOLS: クリルガッシュ、鉛筆、樹脂

01

02

BIO.
ペイントとパターン、ドローイング、コラージュなど様々な手法でチャーミングな世界観を印象的に作りだすイラストレーター。主に、広告、書籍・雑誌表紙、企業とのコラボレーションを手がけるほか、展覧会で作品を発表している。イラストで使用する小さなパーツも自ら樹脂で制作している。

An illustrator who uses a diverse range of techniques including painting, pattern, drawing and collage to create charming yet impactful views of the world. She works mainly for advertising, books, magazine covers and corporate publications, but also exhibits her works. She creates the tiny elements she uses in her illustrations herself using plastic resin.

01. 作品 / I
02. 作品 / I
03. minnk / 雑誌 / I / フェリシモ（2009）
04. 「福袋」/ 書籍 / I / WR: 角田光代 D. 大久保伸子 / 河出書房新社（2008）
05. 「世界クッキー」/ 書籍 / I / WR: 川上未映子 D: 大久保明子 / 文芸春秋（2009）
06. Hanako「川上未映子『りぼんにお願い』連載 #1」/ 雑誌 / I / P: 天日恵美子 / マガジンハ

ウス（2010）
07. anan 2009年 4/22号 / 雑誌 / I / D. 近藤 緑 / マガジンハウス
08. OZ plus 2010年 1月号 / 雑誌 / I+マトリョーシカ制作 / P: 中島千絵美 ST: 明石恵美子
HM: 赤松絵利（esper.）MD: 加賀美セイラ D: 武田英志（hoop）/ スターツ出版

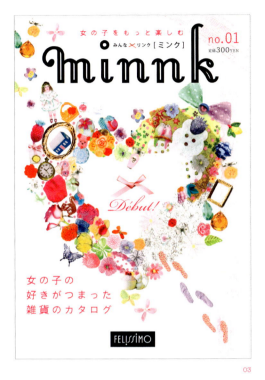

03

04

05

07

06

08

氷見こずえ KOZUE HIMI

URL: http://www.himikozue.com ＼ MAIL: himiko@himikozue.com
TOOLS: 木炭、鉛筆、パステル、ペン、アクリル絵具、水彩絵具

01

02

03

BIO.
1976年東京生まれ。2007年ザ・チョイス年度賞優秀賞受賞。2008年12月に作品集『furry』をユトレヒトより刊行。木炭、鉛筆、パステル、ペン、アクリル絵具、水彩絵具などを使用し、すべて手描きで作成している。
Born in 1976 in Tokyo. Winner of Illustration magazine's The Choice 2007 Excellence Prize. Published a collection of her works entitled *furry* (Utrecht) in December 2008. Works in a variety of media including charcoal, pencil, pen, acrylics and watercolors, executing all of her works by hand.

04

05

06

07

01.「Rose」/ 作品 / I（2008）
02. 03. SHUN OKUBO Works 2007-2009「Signs」/ 作品集 / I / SHUN OKUBO & ASSOCIATES（2009）
04.「untitled」/ 作品 / I（2010）
05.「Marie Antoinette」/ 作品 / I（2008）
06.「ハイドラ」/ 書籍 / I / WR: 金原ひとみ / 新潮社（2010）
07.「furry」/ 作品集 / I（2007）

菱沼彩子 AYAKO HISHINUMA

URL: http://ayakohishinuma.blogspot.com \ *MAIL:* plum@h6.dion.ne.jp
TOOLS: Illustrator, Photoshop, サインペン, アクリル絵の具

01

02

03

04

BIO.
東京都出身、武蔵野美術大学視覚伝達デザイン学科卒業。音楽関連のイラストレーションを中心に、雑誌への作品提供、セレクトショップとのコラボレーションなど、幅広く活動中。

From Tokyo. Graduated from Musashino Art University Department of Visual Communication Design. Does mainly music-related illustrations, but also works broadly, contributing works to magazines and collaborating with multi-brand shops etc.

01. 七尾旅人×やけのはら「Rollin' Rollin'」/ レコードジャケット / 1 / felicity（2009）

02. V.A.「SKA IN THE WORLD COLLECTION VOL.2 Lovers Steady Lesson One」/ CDジャケット / 1 / SKA IN THE WORLD（2009）

03. 七尾旅人「検索少年」/ ジャケット / 1 / felicity（2010）

04. Newby, BEAMS T / Tシャツ / 1 / ビームス（2009）

05. RUMI「Hell Me NATION」/ CDジャケット / 1 / POPGROUP RECORDINGS（2009）

06.「HEY MR.MELODY Presents CHOUJA-MACHI SATURDAY MORNING」/ CDジャ

ケット / 1 / TIME PATROL（2010）

07. V.A.「SKA IN THE WORLD COLLECTION VOL.1 Wonderful Smile」/ CDジャケット / 1 / SKA IN THE WORLD（2008）

08. V.A.「YOU KOBAYASHI Presents CHOPIN HOUR」/ CDジャケット / 1 / NIPPON CROWN（2009）

09. galaxxxy / ショップバッグ / 1 / galaxxxy（2009）

10. galaxxxy / ショップバッグ / 1 / galaxxxy（2008）

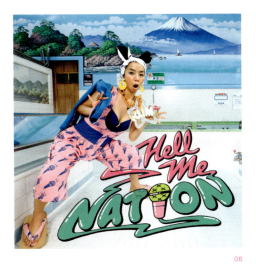

05

06

07

08

09

10

一ツ山チエ CHIE HITOTSUYAMA

URL: http://www.ua-net.com ＼ TEL: 03 6427 1357 ＼ FAX: 03 6427 1358 ＼ MAIL: taiko@ua-net.com
ADDRESS: 東京都渋谷区神宮前6-25-8 神宮前コーポラス 902（TAIKO & ASSOCIATES）
TOOLS: Photoshop, Illustrator, アクリル絵の具

01

02

03

04

BIO.
1982年静岡県出身。2004年東京工芸大学デザイン学部卒業。トレインスポッティングの作者として知られるアーヴィン・ウェルシュの小説『シークレット・オブ・ベッドルーム』の表紙を手がける。帽子専門店CA4LAとのコラボレーション、ニューヨークや東京のシーンを描いた『ELLE ONLINE』のイラストレーションが好評。女性や妊産婦の健康と権利を守る活動をしているNGO団体JOICFP（ジョイセフ）の活動に賛同し、アート作品の提供で協力をしている。

Born in 1982 in Shizuoka. Graduated in 2004 from Tokyo Polytechnic University Department of Design. Did the cover illustration for Irvine Welsh's (the author best known for *Trainspotting*) *The Bedroom Secrets of the Master Chefs*. Her collaborative work with the hat shop CA4LA and Elle Online, depicting the scenes in New York and Tokyo, have received favorable recognition. She contributes artworks to the non-government organization JOICFP (Japanese Organization for International Cooperation in Family Planning) as a means of her support for their women's rights and women's health activities.

01.「麻衣 web site」/ Web / I / ワンダーシティ（2009）

02.「シークレット・オブ・ベッドルーム THE BEDROOM SECRETS OF THE MASTER CHEFS」/ 書籍 / I / エスクナレッジ（2008）

03. 04. NYLON JAPAN × CRYSTALLBALL プレミアムブック Vol. 4 / カタログ / I / カエルム（2009）

05. 06. ELLE ONLINE「Blog ヘッダー」/ Web / I / アシェット婦人画報社（2009）

07. 08. ELLE ONLINE「LE CIEL BLEU（ルシェルブルー）タイアップ」/ Web / I / アシェット婦人画報社（2009）

09. 11.「ジョイセフ チャリティー スクリーンセーバー」/ Web / I / 財団法人家族計画国際協力財団（2008）

10.「クリスマスアルバム『The Christmas Album』」/ CDジャケット / I / ワンダーランドレコード（2006）

05

06

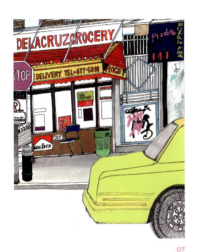

07

08

09

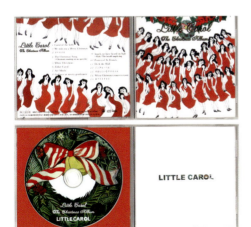

10

11

159

猪口 燈 AKARI INOGUCHI

URL: http://akariinoguchi.com \ *MAIL:* akariinoguchi@gmail.com
TOOLS: Photoshop, アクリル絵の具, 鉛筆, 色鉛筆

01

02

05

03

04

BIO.
1974年生まれ。ニューヨークのパーソンズにてAAS、ハンターカレッジにてBFAを取得。ニューヨーク在住14年。アメリカと日本を中心に、数々の展覧会に参加。ファッション誌、製品のパッケージ、Tシャツ、テキスタイルデザイン、絵画、壁画など幅広いジャンルで活動するアーティスト。

Born in 1974. Received her AAS from Parsons and BFA from Hunter College (both in New York). She has been living in New York for 14 years, and has participated in numerous exhibitions in the US and Japan. She does artwork for a wide range of media including fashion magazines, product packages, T-shirts, textile design, paintings and wall murals.

06

08

07

09

10

11

12

01. VOGUE NIPPON「Pretty」/ 雑誌 / I / コンデナスト・パブリケーションズ・ジャパン（2007）

02. Tシャツ / I / グラフィス（2008）

03. 「rose」/ 作品 / I / グラフィス（2008）

04. テキスタイル / D / Freddy & Ma（2007）

05. 「attack」/ 作品 / I / グラフィス（2008）

06. anan 2010年3月号 / 雑誌 / I / マガジンハウス

07. Guayaki「Pure Endurance」/ ラベル / I / Guayaki（2007）

08. Barbie / Tシャツ、エコバック / I / サンエーインターナショナル（2009）

09. Heather「2009 A/W」/ カタログ / I / ポイント（2009）

10. 「forest」/ 作品 / I / グラフィス（2008）

11. 「Yarigatake」/ 作品 / I（2008）

12. テキスタイル / D / Freddy & Ma（2007）

金谷裕子 YUKO KANATANI

URL: http://moypup.net ＼ *MAIL:* holy@moypup.net
TOOLS: 絵の具，色鉛筆，マーカー

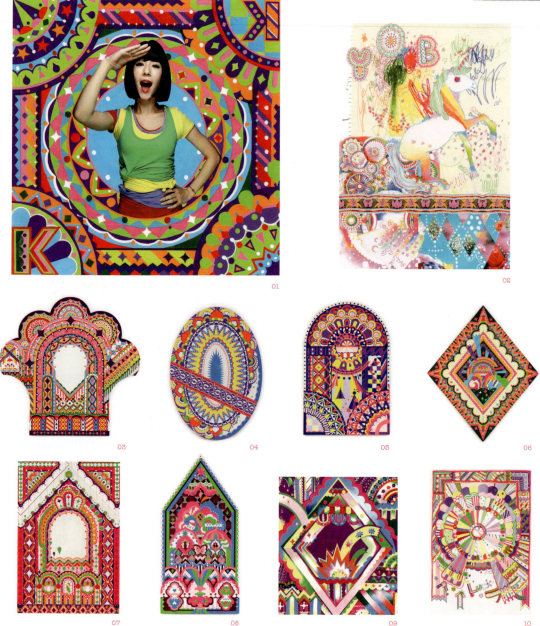

BIO.
ペインティング、ドローイングの制作を中心に、Beck、木村カエラ、Rie fu、Puffy などのミュージシャンや、Whitley Kros、ETRO などのファッションブランドとのコラボレーション、野外フェスティバル「Sense of Wonder」や「Earthday Tokyo」へのアートワークの提供など、幅広い分野で活動を展開。アートディレクション、アニメーション、インスタレーションなど、表現手段も様々。作品集『MOYPUP（モイプアップ）』アートブックショップほかで販売中。

Focuses mainly on painting and drawing, but has also worked in wide range of areas including collaborations with musicians such as Beck, Kaera Kimura, Rie fu and Puffy; fashion labels such as Whitley Kros and ETRO; and providing artwork for the Sense of Wonder and Earthday Tokyo outdoor festivals. She also works in a number of creative capacities including art direction, animation and installation. The collection of her works, *MOYPUP*, is available at art bookstores.

11

12

13

01. 木村カエラ「BANZAI」/ CDジャケット / AD+AW / D: 稲葉まり P: 野村浩司 / コロムビアミュージックエンタテインメント（2009）

02. 「YOB!Unicorn.」/ 作品（2007）**03.** 「Longlife」/ 作品（2009）

04. 「Anniversary Egg」/ 作品 **05.** 「Hello Cosmic」/ 作品 **06.** 「Brain Gift」/ 作品

07. 「Longlife Child」/ 作品（2009）**08.** 「Safari In Coldtown」/ 作品（2009）

09. 内橋和久×マニ・ノイマイヤー「UCHIMANIDELUXE」/ CDジャケット / AW+D / innocent records（2010）

10. 「Wish You Luck」/ 作品（2010）

11. rie fu「Home」/ MV / DI+AW / D: 稲葉まり / ソニー・ミュージックエンタテインメント（2007）

12. Whitley Kros 2008 Spring & Summer「Unicorn Tank」「ABC Tee」/ Tシャツ、タンクトップ / AW / D: Whitley Kros / Whitley Kros（2008）

13. Whitley Kros 2008 Autumn & Winter「Bastille Day Tee」『WK Tank」/ Tシャツ、タンクトップ / AW / D: Whitley Kros / Whitley Kros（2008）

神崎潤子 JUNKO KANZAKI

URL: http://www.junkokanzaki.com \ *TEL:* 03 3791 8670 \ *FAX:* 03 3791 8670 \ *MAIL:* mail@junkokanzaki.com
TOOLS: 水彩, アクリル, Photoshop

01

02

03

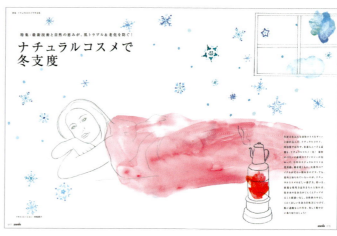

04

BIO.
1979年生まれ。京都造形芸術大学情報デザインコース卒業。2004年よりフリーのイラストレーター、グラフィックデザイナーとして活動をスタート。グラフィックユニットJ&JとしてもCDジャケット、雑誌、ファッションブランドのカタログなどのデザインを手がけている。
Born in 1979. Graduated from the Communication Design Course at Kyoto University of Art and Design. Began working as a freelance illustrator and graphic designer in 2004. Also does design work for CD jackets, magazines, and fashion label catalogues, etc as part of the graphic unit J&J.

05

06

07

08

01. united arrows green label relaxing / CDジャケット / I / MU: Danilo Caymmi / WARD RECORDS（2005）
02.「untitled」/ 作品 / I（2007）
03.「Model Life」/ 書籍 / I / PHP研究所（2007）
04. ecocolo 2009年1月号「ナチュラルコスメで冬支度」/ 雑誌 / I / エスプレ

05. ano:ne「anie minee（エニーミニィ）」/ Tシャツ / I / フェリシモ（2009）
06.「untitled」/ 作品 / I（2009）
07. 作品（Kuala Lumpur Design Week 2010「JAPAN YOUNG ILLUSTRATORS 200」/ I / アスタリスク（2010）
08. Afternoon Tea LIVING / ウィンドウディスプレイ / I / Afternoon Tea LIVING（2007）

カオル KAORU

URL: http://www.kaoruplus.com \ TEL: 090 5580 8350 \ MAIL: k@kaoruplus.com
TOOLS: Photoshop, Illustrator, InDesign, コラージュ

01

02

03

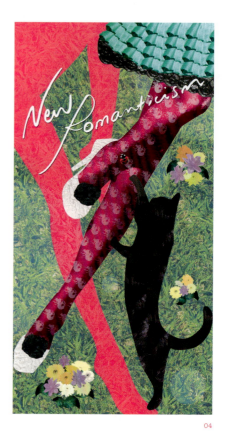

04

BIO.
2006年 University of the Arts London, LCC（BA）卒業。 大学在学中から雑誌やフリーペーパーのイラストを制作。2006年後半から東京に拠点を移し、イラストレーター／デザイナーとしてコラージュを特徴に本格的に活動を開始。 ファッション誌やアパレルブランドへの作品提供のほか、エディトリアルデザインや、MV・CM などの映像分野でも精力的に活動している。

Graduated in 2006 from the University of the Arts London, LCC (BA). Did illustrations for magazines and free newspapers. Based in Tokyo since mid-2006, where she works as an illustrator and designer featuring collage-based works. She works across a wide range of media and disciplines including for fashion magazines and apparel labels, as well as in editorial design, and on music videos, commercials and other new media.

05

06

07

08

London

09

10

11

01. Numero TOKYO 2008 年 7 月号「Eye Wear」/ 雑誌 / I / 扶桑社

02. marisol 2009 年 1 月号「『運景』占いで知る'09年私の運命」/ 雑誌 / I / 集英社

03. 「2010 カレンダー」/ カレンダー / I+D (2010)

04. SHOPAHOLIC「New Romanticism」/ ポスター、タペストリー / I / ワールド (2010)

05. marisol 2010 年 1 月号「アラフォー婚」/ 雑誌 / I / 集英社

06. Numero TOKYO 2008 年 8 月号「Astorology of Romance」/ 雑誌 / I / 扶桑社

07. marisol 2009 年 1 月号「『運景』占いで知る'09年私の運命」/ 雑誌 / I / 集英社

08. London min. 2007 年 3 月号「ロンドンマップ」/ フリーペーパー / I+D / スターツ出版

09. Amour Jalousie / アパレル / I / And A (2008)

10. WWB Summer 2009 / フリーペーパー / I / ティンパンアレイ

11. WWB Summer 2010 / フリーペーパー / I / ティンパンアレイ

風間重美 EMI KAZAMA

URL: http://www.louloupompom.com \ *MAIL:* letter@louloupompom.com
TOOLS: Illustrator, Photoshop, 水彩, ボールペン, 鉛筆, 色鉛筆

01

02

03

04

BIO.
東京造形大学卒業後、コンテンポラリープロダクション、タイクーングラフィックスを経て独立。イラストレーターとしても活動を広げる。2003年より越後妻有アートトリエンナーレ、オフィシャルグッズのディレクション、デザイン担当。絵本『Après la pluie... あめふって…』(文：いがらしろみ、絵：かざまえみ) がトリコロールブックスより発売中。

Graduated from Tokyo Zokei University. After working for Contemporary Production and Tycoon Graphics, she began working independently, and expanding her practice as an illustrator. Since 2003 she has been in charge of the art direction and design of official products for the Echigo-Tsumari Art Triennale. She illustrated the picture book, *Après la pluie... Ame futte* (written by Romi Igarashi), published by Tricoroll Books in 2007.

07

05

06

08

09

10

11

12

01. café sweets 2006年9月号「ロミュニのコラボラボ」/ 雑誌 / I / コラボレーション＋お菓子制作: いがらしろみ / 柴田書店
02. 「danseurse」/ 作品 / I (2010)
03. cuoca「love ♡ chocolate」/ パッケージ / AD+D / クオカプランニング（2009）
04. 「danseurse」/ 作品 / I (2010)
05. 小説宝石 2009年1月号 / 雑誌 / I / 光文社（2009）
06. 小説宝石 2009年11月号 / 雑誌 / I / 光文社（2009）

07. 小説宝石 2009年4月号 / 雑誌 / I / 光文社（2009）
08. 小説宝石 2010年4月号 / 雑誌 / I / 光文社（2009）
09. 10.「Après la pluie…あめふって…」/ 書籍 / AD+I / WR: いがらしろみ / TRICOROLL BOOKS (2007)
11. 「plu plux plan」/ CDジャケット / AD+D / poplot (2006)
12. yaeca「2006-2007 fall/winter collection」/ カタログ / AD+I / FUKUBU (2006)

木村敏子 TOSHIKO KIMURA

URL: http://www.kemukujara.net \ *MAIL:* toshiko.kimura@kemukujara.net
TOOLS: Photoshop, Illustrator, ボールペン, アクリルガッシュ

BIO.
1978年生まれ。2005年10月、LAPNET SHIP（原宿）にて個展を開催。同年よりフリーランスとして、イラストレーションを中心に、雑誌、アパレル、ファブリック、家電、CDジャケット、スケートボードなどの各種プロダクトに、アートワークを提供。映像作家としても活動中。
Born in 1978. Held a solo exhibition in October 2005 at LAPNET SHIP (Harajuku). Has been working freelance since 2005, mainly in illustration, on artworks for magazines, apparel, fabrics, appliances, CD jackets, skateboards and other products. She also works as a motion graphic artist.

04

05

06

07

08

01.「遠出」/ 作品 / 1（2008）
02.「untitled」/ 作品 / 1（2009）
03.「about me」/ 作品 / 1（2010）
04. Numero TOKYO 2007 年 9 月号「今月のクリエーター」/ 雑誌 / 1 / 扶桑社
05.「untitled」/ 作品 / 1（2008）

06. デザインのひきだし 2009 年 6 月号 / 雑誌 / 1 / グラフィック社
07.「ケムクジャラな夜」/ 作品 / 1（2008）
08. ボンベイサファイア「アートグラス 10 Botanicals Art Collection」/ グラス / 1 / ボンベイサファイア（2008）

小林エリカ　ERIKA KOBAYASHI

URL: http://www.homesickless.org/flowertv http://librodekvina.com ＼ MAIL: studio@homesickless.org
TOOLS: インク、ペン、鉛筆、水彩

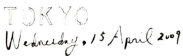

BIO.
1978年東京生まれ。2007-8年ACCの招聘でアメリカ、ニューヨークに滞在。現在、東京在住。著書は小説『空爆の日に会いましょう』（マ
ガジンハウス）、詩をモチーフにしたコミック『終わりとはじまり』（マガジンハウス）、『この気持ち いったい何語だったらつうじるの？』（理
論社YA新書よりみちパン！セ）などがある。
Born in 1978 in Tokyo. Spent 2007–08 in New York and the US on an Asian Cultural Council fellowship. Currently based in Tokyo. Her
published works include the novel *Kubakunohi ni aimasho* (*See you on the bombing day*), the poetry/comic book *The End and the Beginning* (both
from Magazine House), and *Kono kimochi ittai nanigodattara tsujiruno* (What language could possibly convey this feeling?) (Rironsha).

01.「TOKYO Wednesday, 15 April 2009（シリーズ「Lieve,」）」/ 作品 / I（2010）
02. ZINE'S MATE Tokyo Art Book Fair「A DAY（きょうという日のためだけのZINE 2009.7.11）」（シリーズ「Lieve,」）/ I / ZINE'S MATE, gallery 360°（2009）
03. Cowbooks Little Press Fair「Dagboekbrieven 2010(シリーズ「Lieve,」)」/ 小冊子 / I / Cowbooks（2009）
04.「本棚の裏側 behind the bookshelf kaŝite de la librobretaro」/ バッグ, ハンカチーフ, ポスター / I / イラスト共作：前田ひさえ / LIBRO de KVINA（2010）

05. Wooly vol.12「Lieve」/ 雑誌 / I / AD: ARKO / Wooly（2009）
06. Krash Japan vol.10 "THE FINAL" spring & summer 2010 issue「KOJIMA」/ 雑誌 / I / CD: 赤星 豊 AD: 渡部 龍 / ASIANBEEHIVE
07. 真夜中 No.8 2010 Early Spring「ケンカ」/ 雑誌 / I / AD: 服部一成 / リトルモア

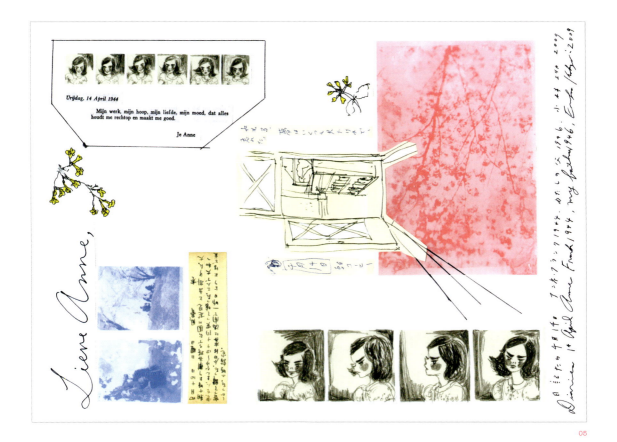

05

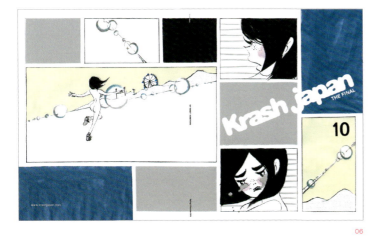

06

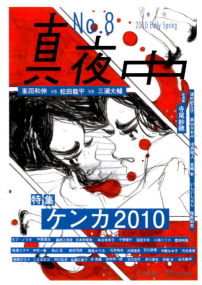

07

173

久保田真理 MARI KUBOTA

TEL: 090 3657 9002 ＼*MAIL:* marieniu.mari@gmail.com
TOOLS: アクリルガッシュ

01

BIO.
1977年生まれ。京都造形芸術大学情報デザイン科卒業。主な仕事に、日産WINGROUD、京阪電車、UNITED ARROWS、
AnotherEDITION、Jelly pong pongのイメージビジュアルやパッケージなどがある。また、国内外の雑誌、広告などでも活躍中。
Born in 1977. Graduated from the Communication Design Course at Kyoto University of Art and Design. Major projects include image visuals
and packaging for Nissan Wingroad, Keihan Railway, United Arrows, AnotherEDITION, and Jelly pong pong. She also works for Japanese and
international magazines, advertising, etc.

03

02

05

04

06

01. dpi Magazine（台湾）/ 雑誌 / I / dpi Magazine（2007）
02.「untitled」/ 作品 / I（2009）
03. jelly pong pong（UK）「Dainty Doll」/ 化粧品パッケージ / I / CD: Nicola Roberts / Stitch（2009）

04.「marie and nol」/ 作品 / I（2009）
05.「crm」/ 作品 / I（2009）
06.「よこそよこ」/ 作品（紙芝居インスタレーション）/ I（2006）

升ノ内朝子 ASAKO MASUNOUCHI

URL: http://www.asako-masunouchi.com \ TEL: 047 485 3306（日本）+30 6983 40 9981（ギリシャ）\ MAIL: mail@asako-masunouchi.com
TOOLS: 水彩、色鉛筆、フィルムマーカー、ホワイトボードマーカー、Photoshop、Illustrator
ADDRESS: 千葉県八千代市八千代台東 1-15-3-212（日本）、Aiantos 37 Paleo Faliro 17562 Athens Greece（ギリシャ）

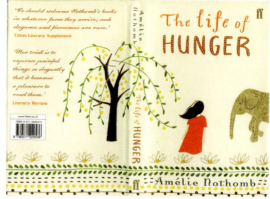

01

02

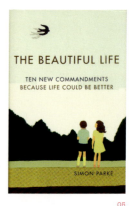

03

04

05

06

07

BIO.
1977年生まれ。慶應義塾大学哲学科卒業。大学在学中に通い始めたセツ・モードセミナー基礎科を修了後渡英し、University of Brighton イラストレーション科を卒業。2005年よりフリーランスのイラストレーターとして雑誌、書籍を中心に日本、イギリス、フランス、ギリシャと国を問わず活動中。イラストレーションに限らず、立体作品やアニメーションも手がける。2009年よりギリシャへと拠点を移す。
Born in 1977. Graduated in philosophy from Keio University. After completing the fundamentals course at Setsu Mode Seminar, she went to the UK, and graduated in illustration from the University of Brighton. She has been working as a freelance illustrator since 2005 for mainly magazines and books in countries ranging from Japan and the UK to France and Greece. Her creative practice extends to three-dimensional works and animation. Based in Greece since 2009.

08

09

10

11

12

13

14

01. めばえ 2008 年 5 月号「おおかみと 7 ひきのこやぎ」/ 雑誌 / I / 小学館
02. The Life of Hunger / 書籍 / I / WR: Amélie Nothomb / Faber and Faber（イギリス）（2006）
03. 「山の麓」/ 作品 / I（2008）
04. 「サマータイム」/ 作品 / I（2008）
05. The Beautiful Life / I / WR: Simon Parke / Bloomsbury Publishing Plc（イギリス）（2007）
06. Nobrow 2「Jungle」/ 雑誌 / I / Nobrow（イギリス）（2009）
07. 自休自足 2007 年 4 月号「小さなパン屋さんのつくり方」/ 雑誌 / I / 第一プログレス

08. 「恋はさじ加減」/ 書籍 / I / WR: 平 安寿子 / 新潮社（2008）
09. 「Polka Dots」/ 作品 / I（2007）
10. 「ハーモニー」/ 作品 / I（2006）
11. 「憧れ」/ 作品 / I（2010）
12. TGV magazine「Villes Durables」/ 雑誌 / I / Textuel（フランス）（2007）
13. Sweet Voices- Fairy Girlfriends / CD / I / ポリスター（2010）
14. Paper Sky #29「レベッカ・ブラウン『最後にあなたにあったとき』」/ 雑誌 / I / ニーハイメディア・ジャパン（2009）

松尾ミユキ MIYUKI MATSUO

URL: http://matsuomiyuki.com \ *MAIL:* qqw22cm9@luck.ocn.ne.jp
TOOLS: グアッシュ, オイルクレパス, 鉛筆, インク

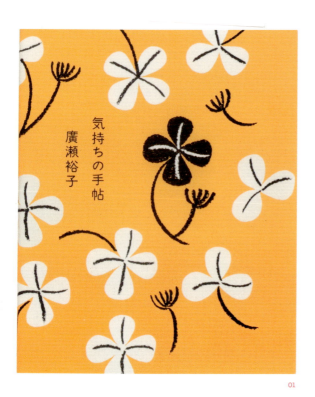

01

02

03

BIO.
1973年生まれ。古着の買い付けの仕事のためパリに1年半住んだ後、雑誌、書籍を中心にイラストレーションの仕事を始める。また雑貨製作なども手がける。著書に『雑貨カードのつくり方』（ピエ・ブックス）、『小さな美術館をめぐる旅』（リバラル社）がある。
Born in 1973. After living in Paris for a year and a half as a buyer of used books, she began doing illustration work for magazines and books. She also creates novelty items. Author of *Zakka kaado no tsukurikata* (Making novelty cards) (PIEBOOKS) and *Chiisana bijutsukan wo meguru tabi* (Touring small museums) (Liberal Ltd)

01.「気持ちの手帖」/ 書籍 /I/ 大和書房（2009）
02.「雑貨屋さんぽ 京都編」/ 書籍 /I/ リベラル社（2009）
03. ヤマトカタログ「デイリーライフギフト」/ カタログ /I/ AD+D: アレフ・ゼロ / 専通クリエート（2009）

04.「パリごはん」/ 書籍 /I/ 幻冬舎（2009）
05. 南天のど飴 / ポスター /I/ 常盤薬品工業（2009）
06. tico moon「Raspberry」/ CDジャケット /I/ 333DISCS（2008）
07.「さんぽ日和 名古屋・愛知編」/ 書籍 /I/ リベラル社（2008）

パリごはん
Mes repas parisiens
雨宮塔子

04

05

06

07

ミヤギユカリ YUKARI MIYAGI

URL: http://www.miyagiyukari.com \ TEL: 03 3336 0576 \ FAX: 03 3336 0576 \ MAIL: yukarim@xj8.so-net.ne.jp
TOOLS: マーカー, 筆ペン, 色鉛筆 \ ADDRESS: 東京都中野区白鷺 1-16-1 #303

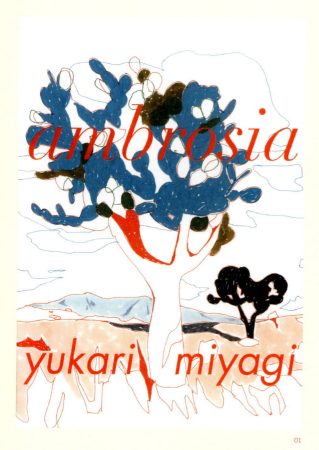

01

02

03

04

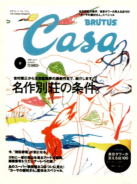

05

06

BIO.
1965年生まれ。1992年よりイラストレーターとして仕事を始める。書籍、雑誌、広告媒体、アパレルブランドとのコラボレーションも手がける。作品集『Reminiscence』、『ちち』、『ambrosia』の自費出版のほか、『Kaguya the bamboo princess / 竹姫物語』（Nieves）、『Rabbit and Turtle』（Nieves and Happa-no-Kofu）、『シカ星』（葉っぱの坑夫）、『Akazukin』（Nieves and Happa-no-Kofu）がある。
Born in 1965. Began working as an illustrator in 1992. Also collaborates on books, magazines, adverting media and apparel labels. Published collections of her works include Reminiscence, Chichi, and ambrosia (all self published) as well as *Kaguya the bamboo princess* (Nieves), *Rabbit and Turtle* (Nieves and Happa-no-Kofu), *The Deer Star* (Happa-no-Kofu), and *Akazukin* (Nieves and Happa-no-Kofu).

それぞれまったく違う考え方や
価値観をもった人たちが共存している中で、
対立したり、無視したりするのではなく、
わかり合えたら、社会は、
きっと、もっと、よくなっていける。

同じって、うれしい。
違うって、たのしい。

それが、るつぼ。

るつぼの、る。

07

01. 「ambrosia」/ 作品集 / I / D: 服部一成（2002）
02. ecocolo 2009年7月号 / 雑誌 / I / エスプレ
03. 流行通信 2002年8月号 / 雑誌 / I / AD: 藤本やすし / INFAS パブリケーションズ
04. BRUTUS 2004年10月号 / 雑誌 / I / AD: 藤本やすし / マガジンハウス
05. Casa BRUTUS 2006年8月号 / 雑誌 / I / AD: 藤本やすし / マガジンハウス

06. 「自分探しの授業」/ 書籍 / I / WR: マツダミヒロ D: copanda varelser / アクセス・パブリッシング（2009）
07. NECシステムテクノロジー / コンセプトブック / I / AD: 齋藤徹史 / NECシステムテクノロジー（2008）

西淑 SHUKU NISHI

URL: http://nishishuku.net \ MAIL: info@nishishuku.net
TOOLS: アクリル絵の具、クレヨン

01

02

03

04

BIO.
1983年福岡県出身、鳥取大学卒業、京都インターナショナルアカデミーイラストスクール修了後、フリーイラストレーターとして活動をはじめる。2007年FUNKY802 digmeoutオーディション通過。関西を中心に個展を多数開催。主に、女性誌や文芸誌などのイラストレーションを手がける。現在東京在住。MJイラストレーション塾に在籍中。

Born in 1983 in Fukuoka. Began working as a freelance illustrator after graduating from Tottori University, and finishing Illustration School at Kyoto International Academy. In 2007 she passed the FUNKY802 digmeout Artwall Audition and has held numerous solo shows mostly in the Kansai region. She does illustrations mainly for women's and arts magazines. Currently living in Tokyo and attending MJ Illustration School.

大切な人と育み合う暮らし

つづけてたのしいまいにち

1

05

06

08

渋カフェ

眺めのいい店
ひとりで籠もりたい
一軒家／「和」／昭和ゴージャス
夜ふかし／ミュージアム喫茶系

打ち合わせに最適な喫茶店とは！
とにもかくにも、美味なるコーヒーを！

憩いの全112軒

07

私が「にんぎょひめ」だったころ

太田光代

09

チャンスを確実につかむアプローチ法

10

01.「untitled」／ 作品 / I（2009）**02.**「untitled」／ 作品 / I（2009）
03.「untitled」／ 作品 / I（2009）**04.**「untitled」／ 作品 / I（2009）
05. かわいい雑貨と暮らしのカタログ Kraso 2010年 春夏号「つづけてたのしいまいにち『みつけよう』」／ カタログ／ I ／ フェリシモ出版（2010）
06.「untitled」／ 作品 / I（2009）
07. 渋カフェ 散歩の達人テーマ版MOOK／ ムック／ I ／ D: アルビレオ／ 交通新聞社（2009）

08.「untitled」／ 作品 / I（2009）
09.「私が『にんぎょひめ』だったころ」／ 書籍／ I ／ D: 鈴木成一デザイン室／ WR: 太田光代／ 集英社（2010）
10. OZ plus増刊 恋愛と結婚 運命の最強占い 2010年版「火星が導く、運命の人との出会い チャンスを確実につかむアプローチ法」／ 雑誌／ I ／ スターツ出版（2009）

野口路加 RUKA NOGUCHI

URL: http://rukanoguchi.com　\　*MAIL:* info@rukanoguchi.com
TOOLS: 鉛筆, 水彩, Illustrator, Photoshop

01

02

03

04

BIO.
2001年多摩美術大学グラフィックデザイン専攻卒業後、フリーランスでイラストレーション、グラフィックデザインの仕事を始める。メディカルイラスト、鉛筆画などのリアルイラストから、脱力アイドルキャラ「unnon（うにょん）」まで、幅広いイラストを素材にコラージュ感覚で変幻自在なアートワーク制作中。映像ユニット onnacodomo（オンナコドモ）では、ライブVJや映像制作なども手がける。
Began working freelance in illustration and graphic design after graduating in 2001 from Tama Art University in graphic design. Her work ranges from medical illustrations and realistic pencil drawings to the spiritless idol character unnon as well as phantasmagoric, collage-like artworks combining a wide range of illustrative elements. She also does live VJing and creates video works as part of the media art unit onnacodomo.

05

06

07　　　　　08　　　　　09

01.「RainbowSokutoubu」/ 作品 / I (2009)

02.「caltivate-1」/ 作品 / I (2009)

03.「bero」/ 作品 / I (2009)

04. galaxxxy×rukanoguchi「nazonazo Girl」/ テキスタイル / I / galaxxxy (2010)

05. galaxxxy×rukanoguchi「宇宙パレード」/ テキスタイル / I / galaxxxy (2010)

06. Mr.Children「Mr.Children DomeTour 2009~SUPERMARKET FANTASY~」/ パンフ

レット / I / AD+D: goen° / 烏龍舎 (2009)

07. commune×rukanoguchi「コミューンネコ」/ Tシャツ / I / commune (2009)

08.「音楽とことば『oyamada keigo』」/ 書籍 / I / P-Vine Books (2009)

09. DOARAT「untitled」/ Tシャツ / I / AD+D: 江森丈晃 (tone twilight) / DOARAT (2007)

大山奈歩 NAO OYAMA

URL: http://www.ua-net.com \ TEL: 03 6427 1357 \ FAX: 03 6427 1358 \ MAIL: taiko@ua-net.com
TOOLS: アクリル絵の具，コラージュ \ ADDRESS: 東京都渋谷区神宮前6-25-8神宮前コーポラス902（TAIKO & ASSOCIATES）

01

02

03

BIO.
1977年東京生まれ、横浜育ち。早稲田大学で政治学を、セツモードセミナーで絵を学ぶ。出版社勤務を経て、2005年よりイラストレーターとして活動を開始。ファッション誌を中心に雑誌や書籍の装画と挿絵、広告の分野で活動中。展覧会も随時開催している。
Born in 1977 in Tokyo, raised in Yokohama. Studied political science at Waseda University and drawing at Setsu Mode Seminar. Began working as a freelance illustrator in 2005 after working for a publishing company. Works mainly for fashion magazines but also does illustrations for magazine and book articles and covers and advertising. She exhibits her works regularly.

04

05

06

CACHAREL
2004AW

07

08

01.「CATholic world #3」/ 作品 / I（2010）
02.「Vive la Fête! Vive les Vacances!!」/ 作品 / I（2005）
03.「カトラリー」/ 作品 / コラージュ +I（2009）
04. Le Dome「untitled」/ 広告 / I / ベイクルーズ（2010）

05.「CATholic World #1」/ 作品 / I（2009）
06.「梨」/ 作品 / コラージュ +I（2009）
07.「高慢ちきな鳥」/ 作品 / I（2009）
08.「Cacharel 2004 AW」/ 作品 / I（2005）

坂本奈緒 NAO SAKAMOTO

URL: http://nanome.jp \ *TEL:* 080-4158-5749 \ *MAIL:* chicchi@fancy.ocn.ne.jp
TOOLS: Photoshop, Illustrator, ダーマトグラフ, ボールペン

01

02

03

BIO.
1979年、北海道岩見沢市生まれ。デザインの専門学校、デザイン会社勤務を経て、2003年よりフリーランス。雑誌、Web、CDやグッズなど、ジャンルを問わず色々な世界でイラストを展開。毎年個展を開催しておりHPにて告知。HBギャラリーファイルコンペVol.18 日下潤一賞を受賞。

Born in 1979 in Iwamizawa, Hokkaido. Became freelance in 2003 after attending a professional school of design and working in a design firm. She does illustrations for a wide variety of media and worlds including magazines, the Web, CDs and novelties, limiting herself to no particular genres. She holds an annual solo show of her work, which she announces on her website. Winner of the Junichi Kusaka Award

01. Ans.（アン）/ フリーペーパー / I / AD: Dynamite Brothers Syndicate, 野口孝仁 D: Dynamite Brothers Syndicate, 吉澤俊樹 ED: マガジンハウス, Rhino / PLAZASTYLE（2009）

02.「夢の中まで語りたい」/ WR: 松久 淳、大泉 洋 / 書籍 / I / D: 木庭貴信, 松川祐子（OCTAVE）/ マガジンハウス（2008）

03. FRaU 2009 11月号「レースは舞台！ウエア勝負！」/ 雑誌 / I / AD: Dynamite Brothers Syndicate, 野口孝仁 / 講談社

04.「わたしとトムおじさん」/ 書籍 / I / WR: 小路幸也 / D: 柳沼博雅 / 朝日新聞出版（2009）

05.「そうだったの！人生・恋愛『出会い学』講座」/ 書籍 / I / WR: 菊地陽子 / D: 木庭貴信, 松川祐子（OCTAVE）/ ヴィレッジブックス（2008）

06.「個人ではじめる、小さなカフェ」/ 書籍 / I / WR: 渡部和泉 D: mill design studio, 原てるみ / 旭屋出版（2009）

07. ほぼ日刊イトイ新聞「やさしいタオル」/ Web / I / D: ほぼ日刊イトイ新聞 / 東京糸井重里事務所（2008）

08.「Raindrops」「猫叉Master」「Raindrops」/ CDジャケット / AD+I / コナミデジタルエンタテインメント（2009）

09. yanokami <矢野顕子とレイ・ハラカミによるプロジェクト・ユニット>「yanokami」/ CDジャケット / I / AD+D+CG: 浜田武士 / ヤマハミュージックコミュニケーションズ（2007）

10.「ゆうとりあ」/ 書籍 / I / WR: 熊谷達也 D: 関口信介 / 文藝春秋（2009）

04

05

06

07

08

09

10

佐瀬麻友子 MAYUKO SASE

URL: http://www.mayukosase.com \ TEL: 080 4327 8725 \ MAIL: sese8725@seagreen.ocn.ne.jp
TOOLS: アクリル絵の具, 水彩色鉛筆, Photoshop, Illustrator, Painter \ ADDRESS: 東京都新宿区中落合 3-24-14

01

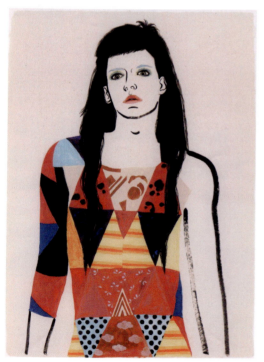

02

03

BIO.
1976年生まれ。多摩美術大学日本画専攻卒業。出版社勤務を経て、2002年よりフリーランス。主に、『NYLON JAPAN』、『Numero TOKYO』などの雑誌や書籍の挿画、CDジャケットなどのイラストレーションを担当する傍ら、定期的に個展も開催。
Born in 1976. Graduated in Nihonga painting from Tama Art University. After working for a publishing company, she became freelance in 2002. Does illustrations mainly for books and magazines such as NYLON JAPAN and Numero TOKYO, as well as CD jackets, while holding solo shows regularly of her personal works.

04

05　　　　　　　　　　　　　　　06　　　　　　　　　　　　　　　07

01.「untitled」/ 作品 / I（2009）**02.**「untitled」/ 作品 / I（2009）
03. 古内東子「The Singles Sony MusicYears 1993〜2002」/ CDジャケット / I / AD: 林
瑞穂（Sony Music Comunications）/ ソニー・ミュージックダイレクト（2010）
04.「untitled」/ 作品 / I（2009）

05.「untitled」/ 作品 / I（2010）
06.「untitled」/ 作品 / I（2009）
07.「untitled」/ 作品 / I（2009）

せきなつこ NATSKO SEKI

URL: http://www.taiko.ua-net.com \ *TEL:* 03 6427 1357 \ *FAX:* 03 6427 1358 \ *MAIL:* taiko@ua-net.com
TOOLS: Photoshop, Nikon D90, 古い印刷物 \ *ADDRESS:* 渋谷区神宮前6-25-8 神宮前コーポラス902 (TAIKO & ASSOCIATES)

01

02

03

BIO.
慶応義塾大学卒業後に渡英、2005年ブライトン大学イラスト科を修了。現在、ロンドンを拠点にイラストレーターとして活動する一方、展覧会の開催・参加を通じてパーソナルワークにも力を入れる。自ら描いたドローイングや写真を古い印刷物とコラージュする作品を制作。ルイ ヴィトン・ジャパンの冊子イラスト、福音館書店より絵本挿絵も手がける。

After graduating from Keio University, went to the UK, graduating in illustration from the University of Brighton in 2005. Has been working as a freelance illustrator since 2005 for mainly magazines and book. While working as a London-based illustrator on one hand, she also pursues her personal work by staging and participating in exhibitions. She collages drawings and photographs she has taken herself with old printed matter. Has illustrated books for Louis Vuitton Japan and picture books published by Fukuinkan Shoten.

04

05

06

07

08

01. 松屋「松屋と銀座の物語」/ ポスター / I / 松屋（2008）
02. 「銭湯」/ 作品 / I（2008）**03.** 「隅田川」/ 作品 / I（2008）
04. 「Olde Tyme Circus - Aerial Ballet - 」/ I（2008）
05. 「観覧車」/ 作品 / I（2007）

06. The Clerkenwell Other Issue 0「Map of Clerkenwell」/ 雑誌 / I / The Clerkenwell Other（2009）
07. 「London」/ 作品 / I（2007）
08. 「ギャラリ！『公園』」/ 書籍 / I / キッズレーベル（2009）

塩川いづみ IZUMI SHIOKAWA

URL: http://www.shiokawaizumi.com \ *MAIL:* mail@shiokawaizumi.com
TOOLS: 鉛筆, アクリルガッシュ, Photoshop, Illustrator

01

02

03

04

BIO.
1980年生まれ。多摩美術大学グラフィックデザイン科卒業。2007年よりフリーランスのイラストレーターとして活動開始。国内外で展示を行うほか、雑誌、広告、ファッションなどで広く活躍中。最近ではIDEEのオリジナル商品や店内のイラストを手がける。
Born in 1980. Graduated in graphic design from Tama Art University. Began working as a freelance illustrator in 2007. In addition to exhibiting in Japan and abroad, she works for a wide range of media including magazines, advertising and fashion. She has recently been doing illustrations for IDEE's original products and store interior.

05

06

01. LINES & SHAPES 「volume nine『grow』」/ 雑誌 / I / Lena Corwin & Maria Vettese
(2009)
02. Au Revoir Simone / Tシャツ / I / ラリー（2007）
03. 「untitled」/ 作品 / I（2009）

04. 「Aurora」/ 作品 / I（2008）
05. IDEE「blanco y negro」/ テーブルウェア / I / イデー（2008-）
06. ecocolo（連載ページ）「ホリスティック・ドクターのカラダ通信」/ 雑誌 / I / エスプレ
（2009）

すぎやましょうこ SHOKO SUGIYAMA

URL: http://popover.info \ TEL: +81 03 6794 7817 \ FAX: +81 03 6794 7817 \ MAIL: shoko@popover.info
TOOLS: Photoshop, Illustrator, ペン, 水彩, アクリル絵の具, パステル, 紙, 布

01

02

03

04

BIO.
1974年生まれ。武蔵野美術大学空間演出デザイン学科ファッションデザイン専攻卒業。雑貨メーカーの企画デザイナーを経て、2002年よりフリーで活動を開始する。ポップな配色と、素材感のある自由な表現で、書籍、雑貨、Web、広告などのイラスト制作をメインに活動中。
Born in 1974. Graduated from the Department of Scenography, Display and Fashion at Musashino Art University. After working in planning and design for a housewares manufacturer, she began freelancing in 2002. She applies her Pop colorations and free, textured approach to illustration to work for books, magazines, websites and advertising.

05

06

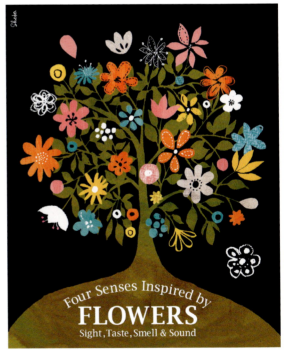

07

08

01.「untitled」/ 作品 / I+ コラージュ（2009）
02. ESSE 2010年 1月号「家計簿 2010」/ 雑誌付録 / I+ コラージュ / D: 若井夏澄（細山田デザイン事務所）/ 扶桑社
03. 女子カメラ vol 9「デジタル一眼レフ、気になるカメラの大調査」/ 雑誌 / I / インフォレスト（2009）
04. キッザニアパビリオン「KIDS' CECILE」/ 広告 / I / D: 鈴木あづさ（細山田デザイン事務所）/ セシール（2009）

05.「モバイル展覧会 W3」/ 携帯用 FLASH / I+ コラージュ / FL: 松永 剛 / プロフェッショナルズ（2009）
06.「2010年度カレンダー」/ カレンダー / I+D / ゾナルト＆カミカ（2009）
07.「untitled」/ 作品 / I+ コラージュ（2009）
08.「FLOWERS」/ フライヤー / I+D / RAIN ON THE ROOF（2007）

田中千絵 CHIE TANAKA

URL: http://www.stripe.co.jp/chie \ TEL: 03 5772 3540 \ FAX: 03 5772 3542 \ MAIL: chie@stripe.co.jp
TOOLS: Illustrator, 水彩、ペン \ ADDRESS: 東京都港区南青山3-3-16 (ストライブファクトリー)

01

02

03

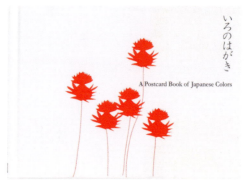

04

BIO.
1974 年生まれ。東京都渋谷区出身。武蔵野美術大学在学中に、叔父である田中一光氏のもとでデザインを学ぶ。卒業後、すぐフリーで活動し、ツモリチサト青山店のウインドウインスタレーションが独特の世界観で話題になる。グラフィックデザインのほか、イラストレーションも手がけ、幅広い活動範囲が特徴。ストライブファクトリーでは森野和馬の映像制作にも参加。
Born in 1974. Raised in Shibuya, Tokyo. While a student at Musashino Art University, she also studied design under her uncle, Ikko Tanaka. Began working freelance immediately after graduating, and gained recognition for the unique worldview displayed in her window installation for the Chisato Tsumori boutique in Aoyama. In addition to graphic design, she does illustration, characterized by her wide-ranging activities. She has worked on the production of Kazuma Morino's films at Stripe Factory.

05

06

07

08

09

10

01.「フルーツツリー / こどものためのイメージワーク」/ グラフィック, 映像素材 / AD+D+I / ストライプファクトリー (2010)

02. 03.「やさいのはがき」/ カードブック / AD+D+I / ピエ・ブックス (2005)

04.「いろのはがき」/ カードブック / AD+D+I / ピエ・ブックス (2004)

05. PAPER SKY no.7「紙の空から」/ 雑誌, 挿絵 / I / WR: Judy Budnitz / ニーハイメディア・ジャパン (2003)

06. OZ magazine 2007年 10/2号「京都の心にふれる旅」/ 雑誌 / I / スターツ出版

07.「LINE WORKS Project Exhibition vol.1」/ DM / AD+D+I / ストライプファクトリー (2003)

08.「ハッピー☆グラフィックス」/ 携帯コンテンツ / I / 美術出版社 (2003〜2010)

09. ストライプファクトリー「Camomile」/ グリーティングカード / AD+D+I / ストライプファクトリー (2009)

10.「井上陽水氏のためのグリーティングカード / 道」/ グリーティングカード / AD+D+I / キャンプアンドファイアー (2004)

田中麻里子 MARIKO TANAKA

URL: http://www.tanamari.com \ *MAIL:* tanaka@tanamari.com
TOOLS: 鉛筆, アルコールマーカー, Photoshop

01

02

03

BIO.
株式会社ブルーマークを経て、フリーランス。主に、書籍の装画、『TOKYO GIRLS COLLECTION パーフェクトブランド BOOK 2009 S/S』、『anan』、『FRaU』、『NYLON JAPAN』などのファッション誌へのイラストを手がける。フリーマガジン『eruca.』では、トータルイラスト担当。著書に『恋するイラストレーション』（DAI-X出版）がある。
Became freelance after working for Bluemark Inc. She does illustrations mainly for book covers and for fashion magazines including TOKYO GIRLS COLLECTION Perfect Book 2009S/S, anan, FRaU and NYLON JAPAN. She handles all the illustrations for the free magazine ruca. Author of *Koisuru Illustration* (DAI-X Publishing).

04

05

Mariko. T

06

eruca.
[エルーカ]

07

01. FRaU 2008 年 5 月号「私の悩みなんてちっぽけと思えます!? 惚れた腫れたこじれたデキ た セレブの恋」/ 雑誌 / I / D: Dynamite Brothers Syndicate / 講談社
02. TOKYO GIRLS COLLECTION パーフェクトブランド BOOK 2009 S/S「おしゃれ計画 はコレで完璧 今すぐ買える! 2009 春夏スタイル」/ ファッションショー公式ブック / D: 日高慶太、内村美早子 (monostore) P: 羽田徹 (biswa.) / ブランディング, 東京ガールズコ レクション実行委員会 (2009)
03. CHOKi CHOKi girls 2009 12 月号「シチュエーション別デート STYLE」/ 雑誌 / I / D: 大山真貴子 (アチワデザイン室) P: 有坂政晴 (STUH) / 内外出版社

04. S Cawaii! 2009 年 1 月号「Love & Fortune クリスマス直前! 彼の心を掴む電話占い」/ 雑誌 / I / ページ制作: エルアウラ / フレイア
05.「untitled」/ 作品 / I (2009)
06. eruca.「12 月 PC 用 wallpaper『"LET'S PARTY" eruca.× Xmas!』」/ Web / I / リクルー ト (2008)
07. anan 2009 年 7/22 号「グラマラス美女のリーサルウェポン、『痩せ習慣』であなたはもう 太れない。」/ 雑誌 / I / AD: 馬場せい子 (アレフ・ゼロ) / マガジンハウス

利光春華 HARUKA TOSHIMITSU

URL: http://www.bldg-jp.com http://www.haruka-toshimitsu.com \ TEL: 03 5452 0191 \ FAX: 03 6805 0630
MAIL: hello@bldg-jp.com \ TOOLS: Photoshop, Illustrator, 鉛筆, ボールペン, アクリル絵の具
ADDRESS: 東京都目黒区駒場 1-28-1 Tamura Bldg. #301 BUILDING 内

01

02

03

BIO.
1983年生まれ。アパレル会社勤務を経て、フリーランス。ファッションブランド MULTIPLE MARMELADE の 2005 年 S/S 東京コレクションでは、テキスタイル柄の提供のほかに、自ら制作した段ボールマネキンをモデルの代りにランウェイに登場させるという斬新なコレクションを発表し話題に。また、イラストからデザインまでを手がけた広告制作や、店頭ディスプレイ、ウェブサイトのプロデュースなど、ディレクターとしても活躍中。

Born in 1983. Went freelance after working for an apparel company. In addition to her textile patterns for the fashion label MULTIPLE MARMELADE's 2005 S/S Tokyo collection, the show received critical acclaim for its use of the cardboard mannequins she made herself as runway models. Her work ranges from illustration and design for advertising, to art direction for in-store displays and website production.

04

06

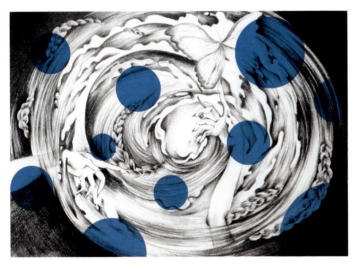

05

07

08

09

10

01.「水棲馬の森」/ 作品（装苑 2010 年 1 月号「装苑が注目する人 & クリエーション特集」掲載）/ I /（2009）
02. BrillantHortensia / Web / AD+I / BrillantHortensia（2010）
03. WR「WR×利光春華 コラボ T シャツ」/ T シャツ / I / WHITE ROOM（2010）
04.「幻想の森」/ 作品（装苑 2010 年 1 月号「装苑が注目する人 & クリエーション特集」掲載）/ AD+I / P: Yuichi Yamazaki HM: Tatsuya Izawa（2009）
05.「水玉世界 - 青 -」/ 作品 / I /（2009）

06. WR 代官山「水物語」/ イメージ作品 / AD+I / WHITE ROOM（2010）
07. YOSHIKA「I SING-THE BEST-」/ CD ブックレット / AD+I / GRAND FUNK（2010）
08. YOSHIKA「I SING-THE BEST-」/ CD ジャケット / AD+I / P: Hironobu Sato（A/M）/ GRAND FUNK（2010）
09. WR 代官山「水から生まれた蝶々」/ ショーウィンドウ / AD+I / WHITE ROOM（2010）
10.「残像」/ 作品（装苑 2010 年 1 月号「装苑が注目する人 & クリエーション特集」掲載）/ I /（2009）

山本祐布子 YUKO YAMAMOTO

URL: http://www.yukoyamamoto.jp \ *MAIL:* plum@h6.dion.ne.jp
TOOLS: カッター、紙

01

02

03

04

BIO.
1977年東京生まれ。京都精華大学テキスタイルデザイン科卒業。著書に『旅日和』（COTO）、『HOME&FORM』（ピエ・ブックス）、『モードと手仕事』（文化出版局）、『DRAWER』（mille books）、『PAPER FOODS』（UTRECHT）、『IN THE KITCHEN』（mille books）がある。切り絵、ドローイングなどの技法を用いて、雑誌や広告のイラストレーションのほか、プロダクトデザインも手がける。
Born in 1977 in Tokyo. Graduated in textile design from Kyoto Seika University. Author of *Tabibiyori* (A day for travelling) (COTO), *HOME&FORM* (PIEBOOKS), *Modo to Shigoto* (Fashion and work) (Bunka Shuppan), *DRAWER* (mille books), *PAPER FOODS* (UTRECHT) and *IN THE KITCHEN* (mille books). In addition to illustrations using cut-paper and drawing techniques for magazines and advertising, she also does product design.

05

06

07

08

01.「girl」/ 作品（2008）**02.**「flower」/ 作品（2010）
03.「PAPER FOODS」/ 作品集 / UTRECHT（2008）
04.「shirt」/ 作品（2009）**05.**「pansy」/ 作品（2009）

06.「fish」/ 作品（2009）
07.「paper plant」/ 作品（LINES&SHAPES Vol. 9 掲載）（2009）
08.「cups」/ 作品（2009）

よしいちひろ CHIHIRO YOSHII

URL: http://www.atelier-tytto.net \ *MAIL:* chihiroyoshii@gmail.com
TOOLS: 鉛筆、水彩、Photoshop, Painter

01

02

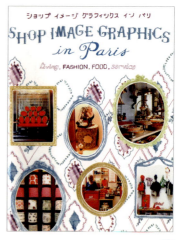

03

04

BIO.
1979年兵庫県生まれ、東京都在住。神戸大学発達科学部人間行動表現学科造形表現論コース卒業。「お洒落が大好き、買い物が大好き、女の子でよかった！毎日が楽しくて仕方がない！」そんな毎日をそのままイラストで表現している。女の子がドキドキ・ウキウキするようなモノや色選びが得意。

Born in 1979 in Hyogo, lives in Tokyo. Graduated from the Expression-Creation Course, Department of Human Expression, Faculty of Human Development, Kobe University. Her approach to living – "I love glamming up! I love shopping! Thank god I'm a girl! Every day is too fun!" – expresses itself directly in her work. She has an uncanny sense of selecting elements and colors that excite young woman.

05

06

07

08

09

01. nepia「color calendar 2010」/ カレンダー / I / 王子ネピア（2010）
02. SHIPS「summer 2010」/ カタログ / I / シップス（2010）
03.「ショップ イメージ グラフィックス イン パリ」/ 書籍 / I / AD. セキユリヲ / ピエ・ブックス（2008）
04. OZ magazeine「東京さんぽ」/ 雑誌 / I / スターツ出版（2010）

05. OZ magazine「東京さんぽ」/ 雑誌 / I / スターツ出版（2010）
06.「おとぎの国、ロシアのかわいい本」/ 書籍 / I / ピエ・ブックス（2008）
07.「kraso×よしいちひろ×nina's」/ バッグ、クロス / I / フェリシモ、祥伝社（2009）
08. Palm Magazine「un jardin de la fleur sedret」/ 雑誌 / I / CHARMWORLD（2009）
09. OZ magazine「東京さんぽ」/ 雑誌 / I / スターツ出版（2010）

注目の女性クリエイター
プロファイル
The Next Generation:
Japanese Women Designers,
Photographers and Illustrators

発行日2010年6月8日
初版第1刷発行

Author:
藤田夏海 Natsumi Fujita

Jacket Design:
Art Director+Designer: 吉田ユニ Yuni Yoshida
Photographer: 佐藤博文 [Tenteng] Hirofumi Sato [Tenteng]
Stylist: 優哉 yu-ya (A.K.A)
Hair: YUUK (super sonic)
Make-up: 島田真理子 Mariko Shimada (switch)
Model: Anaïs

Designer:
庄野祐輔 Yusuke Shono

Photographer:
(Inteview Portraits) 五十嵐晴一 Kazuharu Igarashi (home158),
(Stills) 大沼洋平 Yohei Onuma

Translator:
パメラ・ミキ Pamera Miki

Production Manager:
高橋かおる Kaoru Takahashi

Editor:
藤田夏海 Natsumi Fujita

Writer(interviews):
深沢慶太 Keita Fukasawa

Coordinator:
深沢慶太 Keita Fukasawa, 岩城知子 Tomoko Iwaki,
東 直子 Naoko Higashi, 塚田 藍 Ai Tsukada

Thanks to:
茂市玲子 Ryoko Moichi, 野上真知 Machi Nogami

発行元：パイ インターナショナル
〒170-0005 東京都豊島区南大塚2-32-4（東京支社）
TEL 03-3944-3981 FAX 03-5395-4830
sales@pie-intl.com
埼玉県蕨市北町1-19-21-301（本社）

印刷・製本：大日本印刷株式会社
制作協力：PIE BOOKS
©2010 Natsumi Fujita / PIE International / PIE BOOKS
ISBN978-4-7562-4039-2 C3070

Printed in Japan